阅 读 是 一 切 美 好 的 开 始

译 序

柏拉图（公元前427—公元前347），出身于雅典贵族，师从苏格拉底。他在青年时代就决心献身于政治，认为只有在正确的哲学指导下，才能分清什么是正义，什么是非正义，从而公正地治理城邦。雅典社会的现实让他备感失望，苏格拉底去世后，他开始游历四方，曾到埃及、小亚细亚和意大利南部从事政治活动，试图实现自己的贵族政治理想。公元前387年，政治活动失败后，他逃回雅典，设立一座学园，执教40年，直到逝世。

柏拉图一生著述颇丰，但他的教学思想主要集中在《理想国》和《法律篇》中。柏拉图认为世界由"理念世界"和"现象世界"所组成，是西方客观唯心主义的创始人，客观唯心主义哲学体系的哲学家。他留下了近30种作品，大多用对话体写成，而且文笔优美，堪称文学史上的经典之作。

柏拉图活了80岁，40岁之前求学、游学、参与政治，40岁之后办学、讲学、培养学生。《理想国》的写作时间是他两个半生的分界线，写作的历史背景是他对现实政治感到失望，转而寄情于哲学思想。凡是知道柏拉图的人，几乎都知道他的代表作《理想国》，西方哲学家也几乎一致认为这是一部"哲学大全"。

《理想国》至今已有2400多年的历史，被称为"西方政治思想传统最具代表性的作品"。胡适在研究中西文化差异时，注意到西方人敢于追求自己的理想，并将理想凝结起来，托付于"乌托邦"。在他列出的乌托邦书单中就有柏拉图的《理想国》。胡适对理想国家的观点是"虽不能至，心向往焉"。而人类的这种心情，最早在《理想国》问世之时就已经表达出来了。

柏拉图在《理想国》一书中，借苏格拉底与格劳孔、色拉叙马霍斯、阿德曼托斯等人的对话，描述了一幅理想国家的蓝图。他经过实践，深知建立一个理想社会是不可能的，但还是知其不可为而为之，不吐不快，定要描绘出自己理想的政治蓝图。他在书中探讨了正义、财产、节制、国家、个人、教育、品德、哲学、政治、艺术、生活等话题，汇集成书中最重要的主题——国家的正义。

译 序

柏拉图（公元前427—公元前347），出身于雅典贵族，师从苏格拉底。他在青年时代就决心献身于政治，认为只有在正确的哲学指导下，才能分清什么是正义，什么是非正义，从而公正地治理城邦。雅典社会的现实让他备感失望，苏格拉底去世后，他开始游历四方，曾到埃及、小亚细亚和意大利南部从事政治活动，试图实现自己的贵族政治理想。公元前387年，政治活动失败后，他逃回雅典，设立一座学园，执教40年，直到逝世。

柏拉图一生著述颇丰，但他的教学思想主要集中在《理想国》和《法律篇》中。柏拉图认为世界由"理念世界"和"现象世界"所组成，是西方客观唯心主义的创始人，客观唯心主义哲学体系的哲学家。他留下了近30种作品，大多用对话体写成，而且文笔优美，堪称文学史上的经典之作。

柏拉图活了80岁，40岁之前求学、游学、参与政治，40岁之后办学、讲学、培养学生。《理想国》的写作时间是他两个半生的分界线，写作的历史背景是他对现实政治感到失望，转而寄情于哲学思想。凡是知道柏拉图的人，几乎都知道他的代表作《理想国》，西方哲学家也几乎一致认为这是一部"哲学大全"。

《理想国》至今已有2400多年的历史，被称为"西方政治思想传统最具代表性的作品"。胡适在研究中西文化差异时，注意到西方人敢于追求自己的理想，并将理想凝结起来，托付于"乌托邦"。在他列出的乌托邦书单中就有柏拉图的《理想国》。胡适对理想国家的观点是"虽不能至，心向往焉"。而人类的这种心情，最早在《理想国》问世之时就已经表达出来了。

柏拉图在《理想国》一书中，借苏格拉底与格劳孔、色拉叙马霍斯、阿德曼托斯等人的对话，描述了一幅理想国家的蓝图。他经过实践，深知建立一个理想社会是不可能的，但还是知其不可为而为之，不吐不快，定要描绘出自己理想的政治蓝图。他在书中探讨了正义、财产、节制、国家、个人、教育、品德、哲学、政治、艺术、生活等话题，汇集成书中最重要的主题——国家的正义。

理想国家中的主人是人民大众，而不是君主。对于民众，正义不是理论上的问题，而是实践中的问题，他们听不了也不想听大段的哲理论证，关心的只是面临的实际生活是不是由正义主导，自己是不是受到正义的保护。因此，缔造理想国家的话题一经提出，就与现实问题出现了碰撞，产生一系列的疑问。例如，正义是需要大家去维护的，但社会上又确实存在非正义者的生活比正义者的生活过得好的现象，那又有何理由让正义者坚守自己的底线呢？柏拉图认为这是一个比较严重的问题，书中此方面的观点针锋相对，睿智而激烈的讨论随处可见，欢迎朋友们进入书中领略一番。

　　《理想国》作为哲学经典著作，至今已被译成20多种语言，现存的中译本虽然不乏精品，但在语言风格上大都不为年轻人所喜爱。此次重译《理想国》，主要参考了Jowett, Griffith and Tom, Lee等人的英译本，尊重现代人的阅读需求，并在体例和内容上进行了调整和精简，力求做到通俗易懂、耐人寻味，以吸引更多的读者研读这部经典著作。限于学识，在翻译过程中难免有不妥之处，望读者指正。

理想国家中的主人是人民大众，而不是君主。对于民众，正义不是理论上的问题，而是实践中的问题，他们听不了也不想听大段的哲理论证，关心的只是面临的实际生活是不是由正义主导，自己是不是受到正义的保护。因此，缔造理想国家的话题一经提出，就与现实问题出现了碰撞，产生一系列的疑问。例如，正义是需要大家去维护的，但社会上又确实存在非正义者的生活比正义者的生活过得好的现象，那又有何理由让正义者坚守自己的底线呢？柏拉图认为这是一个比较严重的问题，书中此方面的观点针锋相对，睿智而激烈的讨论随处可见，欢迎朋友们进入书中领略一番。

《理想国》作为哲学经典著作，至今已被译成20多种语言，现存的中译本虽然不乏精品，但在语言风格上大都不为年轻人所喜爱。此次重译《理想国》，主要参考了Jowett, Griffith and Tom, Lee等人的英译本，尊重现代人的阅读需求，并在体例和内容上进行了调整和精简，力求做到通俗易懂、耐人寻味，以吸引更多的读者研读这部经典著作。限于学识，在翻译过程中难免有不妥之处，望读者指正。

目录 CONTENTS

上卷 理想国与理想政治的产生

第一章　万贯家财与老年福祉 ……… 002

第二章　构造理想国家和理想政治 …… 008

第三章　论城邦守卫者的幸福 ……… 022

第四章　论城邦的妇女、儿童公有制 …… 037

第五章　论守卫者与国家的稳定 ……… 047

第六章　论希腊的战争 ……… 054

第七章　寡头政体与民主政体 ……… 065

中卷 Ⅱ 正义与非正义之辩

第一章　初探正义的定义 …………… 078

第二章　驳论诡辩者的正义观 ………… 089

第三章　解析正义与非正义的善与恶 … 107

第四章　论正义的起源与本质 ………… 122

第五章　智者对正义的定义 …………… 137

下卷 III 对国民与民生的探讨

第一章　论对城邦守卫者的教育 ……… 162

第二章　理想国的品质
　　　——智慧、勇敢、节制、正义 ……… 177

第三章　论男女平等 ……………… 187

第四章　论哲学治国与知识的存在 ……202

第五章　哲学家的道德 ………………211

第六章　论受教育者与未受教育者 ……220

第七章　论诗人的作品是模仿品 ………228

第八章　僭主式个人的产生及其品质 …244

上卷

理想国与理想政治的产生

第一章　万贯家财与老年福祉

◆ →辩论者：苏格拉底/玻勒马霍斯/克法洛斯 ◆

苏格拉底：昨天是比雷埃夫斯港拜祭女神的节日，我和格劳孔一起去参加，我想看看那里的人们是怎样庆祝这个节日的。在那里，我看到了人们为庆祝节日而组织的游行队伍。游行队伍与色雷斯人组织的很相似。祭祀结束后，我们准备回城。这时，有人拉住了我的风衣："请你等一会儿。"原来，克法洛斯的儿子玻勒马霍斯也参加了这个祭祀活动，他在远处看到了我们，便打发仆人过来叫住我们，让我们等他一会儿。

没过多久，玻勒马霍斯就过来了，与他同行的还有格劳孔的弟弟阿德曼托斯、尼喀阿斯的儿子尼克拉托斯等人。

玻勒马霍斯： 苏格拉底，你们要回城去吗？

苏格拉底： 正有此意。

玻勒马霍斯： 既然遇见了，不如我们就地进行一次辩论交锋。如果你能胜过我们这些人，你想去哪儿都行；否则，就暂时留在这里。

苏格拉底： 看来我没有第三种选择了，但我相信我会说服你们让我走的。

玻勒马霍斯： 如果你说服不了我们，怎么办？（格劳孔在旁边附和说："说服不了！说服不了！"）我是绝不会让你说服的，你就少费点心思吧。

阿德曼托斯： 你们不知道今晚这里有火炬赛马比赛吗？

苏格拉底： 赛马可是件新鲜的事情，据说骑手们将火炬从一个人手中传到另一个人手中，是吗？

玻勒马霍斯： 是的！你还是别固执了，留下来吧，晚上这里有一个别具一格的晚会，吃完晚饭，我们一起去看晚会，看看年轻人是怎样聚会的。

格劳孔： 既然这样，我们就留下来吧。

苏格拉底： 那行！

苏格拉底： 我们一行人跟着玻勒马霍斯一起去了他家。他的弟弟吕西亚和欧塞得摩，还有色拉叙马霍斯、切曼提得斯、克里托芬都在他家。玻勒马霍斯的父亲克法洛斯也在那里。我很长时间不见他了，他也刚从祭祀仪式上回来，头上还戴着花环。我受到了克法洛斯的热情招待，挨着他坐了下来。

克法洛斯： 苏格拉底先生，我年龄大了，已经去不了城里，要不也不会把你请到家里来坐。你应该多来看我才对。我对肉体上的需求越来越淡，但越来越享受聊天给我带来的快乐了。你就把这里当成你的家，热情地和这里的年轻人交往吧，和他们在一起，你会很快乐的。

苏格拉底： 尊敬的克法洛斯先生，与年长者交谈是我的荣幸。你们经历的事情多，获得的人生经验多，你们走的路，大多我也需要走一遍。想向你请教，你认为人生之路究竟是平坦的，还是崎岖的呢？如果你不介意，我想再问个问题，处于诗人所说的"夕阳西下"的光景，你是否会对老年的艰辛发出感叹呢？

克法洛斯： 我很愿意回答你的问题，将我的想法告诉你。俗话说"物以类聚，人以群分"，我们这些年长的人总会聚在一起，讨论最多的话题是生活和爱情。我们岁数大了，日常生活不能自理，就更不用谈年轻时追求的爱情了，曾经拥有的美好时光已经一去不复返。有的老人经常抱怨亲友们冷落了他们，并因此感到痛苦，认为这都是因为人老了。但我不认为人年龄大了就能引起痛苦，否则，和我一样的老年人岂不是都处在痛苦之中？我记得有一次有人问老诗人索福克勒斯是否还像从前那样有谈情说爱的欲望，他说："我现在清静了，解脱了，就像是从一个奴隶主那里逃离出来了一样。"我经常回想他这风趣而又新鲜的回答，每一次回想都有特别的感觉。人老了，心里应该多一份宁静。当年轻的激情逐渐消退时，要是都有像索福克勒斯所说的那种境界，我想所有的人都会从"奴隶主"手中逃离出来。苏格拉底先生,我向你说这些话是为了证明一个道理:年老不能算是一个问题,真正出现问题的是人的性格。一个乐观、心境淡泊的人是不会因为年龄的增长而增加压力的,而那些有相反性格的人,即使年纪再轻,活着也是一种负担。

苏格拉底: 听了克法洛斯的这番话,我感受颇深,但为了能受益更多,我决定提出一些悖论来刺激他。

苏格拉底: 克法洛斯先生,我承认你说的话有道理,但你认为有多少人能达到你这种境界呢?我想大多数人应该会认为你是因为老有所养、老有所福才说这番话的。他们会说,年长者之所以有淡泊宁静的乐观性格,是因为他富有。你就是这样的,不是吗?

克法洛斯: 你说对了,大多数人都不认同我的观点。他们对我有怀疑是值得理解的,但过于绝对化了,我有充足的理由说服他们认同我。塞里福斯人嘲笑色弥斯托克勒是因为雅典出名而不是因为贤德出名时,他反驳说:"如果我们出生的城市调换一下,那么谁也成不了名。"这句话对那些贫穷、惧怕老的人正好适用。一个人只要善良,贫穷并不可怕;可怕的是人富有了,心里却充满了邪恶。邪恶的富人,老了也不会得到安宁。

苏格拉底: 我冒昧地问一句,你拥有的财产是你自己创造的,还是从祖辈那里继承下来的?

克法洛斯: 应该算是我自己创造的吧。你想知道,我就告诉你。我创造的价值介于我祖父和我父亲之间。我发展了我祖父的财产,但是我父亲却让它变得更少了。两者相抵之后,还是正数。我的心愿就是能将我继承的遗产和自己创造的财产传给我的子孙。

苏格拉底: 克法洛斯先生不像是一个守财奴,而是对钱财看得很淡。大多数没有经历过自己赚钱的风险,手中又有一些遗产可继承的人都不会太贪财。但那些用自己的力量赚钱,积累财富的人,对钱财就会有一种特殊的感情,就好像是诗人对自己的诗的感情,或是父母对自己孩子的感情。他们对钱的感情不是因为他们手中有了钱,而是因为钱在他们的手中成为一种产品。因此,这样的人是不值得我们与他们做朋友的,因为在他们心中除了钱,没有什么是值得赞美的。

克法洛斯: 你说得有道理。

苏格拉底: 那么,你能不能告诉我你在万贯家财中得到了怎样的益处?

克法洛斯: 尽管我的观点不能被所有的人接受,但我还是要把它说出来。当一个人在弥留之际时,会被一些莫名的恐惧缠住,相信坏人会在死后接受惩罚的种种传说,也因此而感到不安和痛苦。这时,或许是因为年老带来的脆弱,或许是面临死亡,认为自己对另外一个世界看得更清楚了,这些人就开始回想自己在有生之年是否做过一些坏事。一旦发现自己罪孽深重，他们就会像小孩一样不停地从睡梦中惊醒。而那些自认为没有做过坏事的人，即使年过古稀，也会存有很美好的梦。就像品达所说：希望总是垂青正义和神圣的灵魂；它是他老年的保姆和旅途的伴侣，但对人世间不安的灵魂却具有威慑的力量。品达的诗太好了！财富给人类带来的好处或许就在这里。我表达的意思是：如果任何人都不会因为钱财而做亏心事，那么就不会有人被死后接受惩罚的传说所困扰，也不会因为没有供奉神灵或欠了别人的债而提心吊胆。钱财固然可以给人带来许多好处，但对一个理智的人来说，明白事理才是最重要的。

第二章　构造理想国家和理想政治

◆ →辩论者：苏格拉底/阿德曼托斯/格劳孔 ◆

苏格拉底：格劳孔以及在场的其他人都支持我继续这个问题的讨论。他们都渴望得到真理，并且认为首先要知道正义和非正义的本质何在，其次才会注意到它们所带来的后果。我按照他们的意思，继续辩论下去了。

苏格拉底： 此刻我们讨论的话题，性质十分严肃。不论哪一方面，都需要敏锐的眼光和深刻的分析能力。然而，我们都算不上是绝顶聪明的人，所以，最好还是采用举例子的方法说明它。我举这样一个例子：如果让一个人读放在远处的很小的字，这时旁边就会有人想到，能在别处找到与小字一样的大字，如果两处的字是一样的，那么，视力差的人就可以循序渐进，先读大字再读小字。因此，发现大字的人就会觉得自己碰上好运气了。

阿德曼托斯： 说得没错，但这是什么例子？与我们讨论的话题有关系吗？

苏格拉底： 这我接下来会说明的。我们讨论的话题是正义，而你知道正义有时候被看成是个人的正义，有时候又被看成是整个国家的正义。

阿德曼托斯： 是的！

苏格拉底： 一个国家的正义不是应该在个人的正义之上吗？

阿德曼托斯： 这是毫无疑问的。

苏格拉底： 那么，我们是不是也要这么认为：较大的范围中的正义较多，且比较容易理解与分辨。因此，我们在讨论正义与非正义的本质时，是不是要先讨论国家的正义，然后才能在国家影响个人方面讨论个人身上的正义。这就像之前说的由大到小。

阿德曼托斯： 听上去很不错！

苏格拉底： 正如我们能想象一个国家是怎样成长的，我们也能想象这个国家中正义和非正义的成长，对吗？

阿德曼托斯： 应该是这样的。

苏格拉底： 想象中的国家的初级阶段，很容易就能看到我们所追寻的目标是什么，那么，我们是不是应该朝着目标去着手建造呢？这是一个很重大的任务，值得仔细考虑。

阿德曼托斯： 是的，我已经考虑过了，你继续往下说吧。

苏格拉底： 我认为，一个国家的兴旺是民众生存的需要，没有生活在国家中的人是不能自给自足的，但人总是有很多欲求，既然依附于国家，那么你还能有什么别的理由不让国家兴盛吗？

阿德曼托斯： 没有任何理由。

苏格拉底： 我们每个人的欲求都需要许多人来帮助，我们群居在一起，互相帮助，才能从别人身上得到各自的欲求。因此，当这些人居住在一起同舟共济的时候，所形成的整体就可以称为一个国家。他们各自之间互惠互利，互通有无，买进卖出，大家的想法都非常一致，那就是要在各种交易中获得各自的利益。

阿德曼托斯： 非常正确！

苏格拉底： 那么，就先让我们在理论上建立一个国家，再看这个国家的创建人最需要的是什么。

阿德曼托斯： 好！

苏格拉底： 最重要的首先是食物，因为食物是生命存在的起码条件，其次是房屋，接着是衣服及其他物品。

阿德曼托斯： 对！

苏格拉底： 那么，我们的国家如何才能充分供给民众所需呢？是不是需要一个农夫、一个建筑工、一个织布工，或是一个鞋匠，抑或是一些其他专职人员呢？

阿德曼托斯： 这是建立一个国家应该想到的。

苏格拉底： 最简单、弱小的国家最少也要四五个人吧？

阿德曼托斯： 显然是这样的。

苏格拉底： 那么，这些人要如何来开展自己的工作呢？是不是所有的人都要把自己的工作奉献给公众？拿农夫来说，农夫是要为其他四个人生产粮食,将自己的精力和时间用于将粮食产量提高四倍,还是不管其他人,只用四分之一的时间为自己生产粮食,用剩余的时间为自己盖房子、缝衣服、做鞋子呢?你说他会或者说应该怎么做?

阿德曼托斯: 这位农夫应该专心从事粮食生产,而不要生产别的东西。

苏格拉底: 是的,我们都是这样想的。我还认为人是各不相同的,每个人都不是从一个模子中铸造出来的,因此性格不同,从事的行业也会有所不同。

阿德曼托斯: 对。

苏格拉底: 那么你认为一个人是干一种行业好,还是干几种行业好?

阿德曼托斯: 专心干一种行业比较好。

苏格拉底: 再有,我认为凡事都不能等有了时间再去做,而是应该自觉地、全心全意地去做,还要力争将它做好。

阿德曼托斯: 必须要这么做。

苏格拉底: 而我们是不是也可以说,一个人只要做好自己的本职工作,不管其他,专搞一行,这样就可以获得比别人更多的生活积累。

阿德曼托斯: 对极了!

苏格拉底: 阿德曼托斯,如此说来,只有四五个人创造财富是不够的,我们需要更多的人来创造财富。比如农夫使用的犁、斧头等农具，不能自己生产，因为他自己没有这方面的设备。同样的道理，盖房子的人也不会自己去制造盖房子所需要的工具。鞋匠和纺织工的情况也不例外。

阿德曼托斯： 是的。

苏格拉底： 既然如此，如果这个国家又增加了放牧的人群，让牛、羊等应有尽有，那么，农夫耕地就有了牛，建设者运输材料也有了牲口，鞋匠和纺织工的羊毛、牛毛等原材料也有了着落。这样，这个国家是不是就变得大了？

阿德曼托斯： 国家容纳了这么多人，当然会大了。

苏格拉底： 虽然是这样，但每个国家都有它的特色，而这些特色和人们的日常生活需求是不会有求必应的，因此这个国家就要以进口的形式来弥补自身不充足的生活资料。你说对吗？

阿德曼托斯： 对。

苏格拉底： 那么，就必然出现专门从事从别的国家进口生活必需品的商业阶层人士了。

阿德曼托斯： 这是当然。

苏格拉底： 但是你还要这样想，如果商人们空手而去，没有给别的国家带去需要交换的东西，他们只好也只能空手而归。

阿德曼托斯： 是这样的。

苏格拉底： 那么，一个国家生产的东西，不仅要满足本国人的需求，还要考虑哪些东西可以拿出手与别国的人交换。因此，生产出来的东西在数量和质量上就都会有所要求。

阿德曼托斯： 有道理。

苏格拉底： 那一个国家就需要有更多的农夫、工人和技术人才，还需要有商人来做进出口的买卖，是吧？

阿德曼托斯： 是的。

苏格拉底： 如果商人的贸易对象需要跨海，那么我们还要为商品的贸易提供大量的远洋人才，也就是水手，是不是？

阿德曼托斯： 是的，需要很多的水手。

苏格拉底： 再回过头来说，人们又该怎么通过交换获得生活必需品呢？

阿德曼托斯： 他们通过买进和卖出，以进行交换。

苏格拉底： 这就是我们平常说的买卖。买卖的过程需要一个地域作为市场，交换时还需要有货币的存在。

阿德曼托斯： 是的。

苏格拉底： 如果一个农夫或是一个鞋匠要把自己的产品送到市场，却没有人愿意与他们交换手中的东西，那么他们该怎么做？是不是要闷不作声，只在市场里闲坐着发愣呢？

阿德曼托斯： 当然不能这样做，他们应该在市场上找到那些能做推销的人帮他们把东西卖出去。之所以出现推销这一职业，正是看准了人们需要这方面的人才。在一个组织架构良好的国家里，推销人员往往是因为身体虚弱而难以从事生产商品的人。他们能做的工作就是在市场里用钱买进需要出售的货物，得到产品，然后再将它们转化为商品，卖给其他需要这些商品的人，从中获取利益。

苏格拉底：这样，社会上就出现了零售贸易者阶层。如果将那些来往于国家之间的生意人称为大商人，那么这些坐在自己国家里从事买进卖出的人不就是小零售商吗？

阿德曼托斯：是的。

苏格拉底：另外，还有这样一种人：知识十分匮乏，智力低下，但却有着充沛的体力。于是，他们就出卖自己的体力，为别人服务。你们将这样的人称为"雇工"。雇工其实就是靠别人发给工资维持生活的人。我说得对不对？

阿德曼托斯：对。

苏格拉底：那么，雇工也是国家人口中的一员了。阿德曼托斯，这样的国家算不算发展到理想的境界了？

阿德曼托斯：可以这样说吧。

苏格拉底：既然是理想国家，那么正义和非正义又出现在哪里呢？它是不是理想国家中的一部分呢？

阿德曼托斯：苏格拉底，这个我不是特别清楚，或许是出现在公民与公民彼此的交换和交往过程中吧。除此之外，我想不出哪里可以找到了。

苏格拉底：你的想法也许是对的，那么我们就不要中断这个话题，继续将它说下去。首先，我认为应该好好考虑一下，他们在自己的国家中有各自的生活，那他们的生活方式是怎样的呢？难道他们不为自己种地、酿酒、造鞋、缝制、建房吗？他们夏天光着脚，但冬天就要穿得很厚，还得穿鞋子。他们把大麦饭和小麦面作为主食，也烤肉或揉面，做出各种可口的点心，然后放在苇叶或干净的树叶上，自己躺在水松、桃木制成的小床上慢慢享用，还与儿女们欢愉逗乐，喝大量自己酿制的美酒，头上戴着花环，嘴里哼着赞美诸神的颂曲，合家团聚在一起，其乐融融。但是他们精打细算，很注意自己一家的生活开支，还要时刻提防着外来势力的掠夺。

苏格拉底： 见我还没讲完，格劳孔不耐烦了，急着打断了我的话。

格劳孔： 大概你想得还不够周到，你还应该给他们的饭里添加一些调味品。

苏格拉底： 对了！调味品当然不能少，如盐、橄榄油、乳酪等，还有一些农村人常备的植物根茎类蔬菜、洋葱等。甜食方面，还有无花果、豌豆、鹰嘴豆。他们可以生火烤杨梅、橡子，喝酒但不酗酒。仰仗着这些食物，他们就可以在和平和健康的条件下传宗接代、颐养天年。这样的国家才更理想。

格劳孔： 苏格拉底，如果让你以猪为主角建立一个城市，你将会怎样安排它们的理想生活？

苏格拉底： 格劳孔，我怎样做你才能满意？

格劳孔： 你还应该提供生活的一般必需品。我觉得有的人想睡椅子，有的人则习惯睡沙发，尤其是惯于舒适的人，他们总是躺在沙发上。还有，吃饭也不能经常在桌子上，要经常变换一下，让他们更加享受。

苏格拉底： 那么，现在我明白了。说了这么久，你不仅让我考虑如何缔造一个国家，而且还要考虑缔造一个奢华享受的国家。这是个不错的想法。因为这样一来，或许我们所说的国家里彼此伤害的事情就减少了，我们从中可以更容易地看到正义和非正义是如何形成的。我觉得我刚才描述的那种国家是一个真正的理想国家。但如果你要看一个病态的国家，我也可以给你缔造出来。可能有很多人不满足于我刚才描述的拥有那种生活方式的国家。他们除了想拥有上述条件外，还想增加很多其他家具，以及精美的甜点、香水、香料，所有能说出的和不能说出的还有很多，总之多多益善。我们必须要超越我开始所说的生活必需品，比如房子、衣服、鞋子等东西，这是最基本的。他们还要有画家给他们作画，刺绣家给他们刺绣，也要拥有成堆的黄金和数不尽的象牙。他们都在想着如何去获取这些东西，是这样的吗？

格劳孔： 是的，你终于说到正题上了。

苏格拉底： 现在，最初的理想国家的财富已经不够用了。我们好像要为扩展领土而费心思了。如果这样，城市里就充满了无数与人们自然生活必需品无关的行业，如猎人和演员。猎人尚能做点实事，而演员则是一个总与形象、色彩打交道的群体。

这时，与文艺相关的行业也出现了，如有了音乐就有其追随者，有了诗人就有为他们的诗谱曲、歌唱、跳舞的人。制造商生产的东西也在增加，本来只为女人生产裤子就可以了，现在还要生产各种各样的花裙子、装饰品等。这样，我们的人力远远不够了，因此我们还需要更多的仆人，如教师、护理人员、丫鬟、糕点师、理发师、厨师等，似乎还要加上专门喂猪的人。这些人对于刚才所说的理想国家来说并不需要，所以，这些增加出来的人在国家便没有容身之地，但现在的国家却是离不开他们的，因为我们还想吃肉，吃各种牲口的肉。

格劳孔： 这是对的。

苏格拉底： 那么请问，这样的生活是不是更需要医生的存在？

格劳孔： 这是当然。

苏格拉底： 原来足够供养整个国家公民生活的土地与产品，现在就远远不够了。我说得对吗？

格劳孔： 对。

苏格拉底： 如果想得到更多的耕地和牧场，我们就会想到邻国去占有，而邻国的人自然也会想占有我们的耕地和牧场。因为他们的欲望同样会超出人们原来生活必需的范围，因此他们也会产生占有我们国家的欲望，以此来积累他们的财富。

格劳孔： 苏格拉底，这是不可避免的。

苏格拉底： 于是就产生了战争，对不对？

格劳孔： 毫无疑问是这样的。

苏格拉底： 我们暂时把战争的利弊问题放到一边，因为我们现在已经摸到了战争的根源。我们似乎发现了，发生战争的根源和国家中公共的、私人的一切不正义都休戚相关。

格劳孔： 当然。

苏格拉底： 战争的发生让我们的国家需要不断地扩张，这种扩张还需要建设一支强大的军队，它的任务是通过打仗的形式来保卫国家，驱逐一切外来的入侵者。

格劳孔： 为什么呢？难道公民就没有丝毫的自卫能力吗？

苏格拉底： 他们的自卫能力显然是不够的。我刚才描述一个理想国家形成的时候，我们曾一致承认过一个原则，那就是任何人都不可能同时具有多种技能。如果这一原则成立的话，他们就无力自卫，这你承认吗？

格劳孔： 是的，我承认。

苏格拉底： 打仗是不是一门技艺？

格劳孔： 当然是。

苏格拉底： 这是不是像鞋匠制鞋一样需要集中注意力的技艺？

格劳孔： 这是不能马虎的事。

苏格拉底： 为了能穿上高质量的鞋子，我们就要找制鞋能力较强的人来做。牧人或纺织工也一样，都靠技艺吃饭，有技艺的人应该充分发挥其技艺，持续地、轻车熟路地工作，如果他不看重自己的专长，东做一点，西做一点，那么真正属于他的机会就可能会溜走。士兵当然也靠技艺才能出色地完成任务。难道打仗这门技艺掌握起来太容易，所以一个人既可以是战士，也可以是牧人、鞋匠，或其他技艺人员？拿下棋、掷骰子来说，如果人们仅将它们看作是一种娱乐，而不从小苦练功夫，想精通它们也是比较难的。没有人天生就能掌握一种工具和技艺。当战争需要你时，你可能在很短的时间就学会摆弄盾和其他兵器了，但未必能成为一个合格的战士。我的意思是，没有学过如何使用技艺性的工具，工具对他就毫无用处。

格劳孔： 这话说得对。如果一种工具被人拿到手就会使用，那么它就是宝物了。

苏格拉底： 士兵在战争中肩负的责任越大，就需要越多的时间学习技艺，以便能掌握更多与打仗相关的知识。对吗？

格劳孔： 我同意你的观点。

苏格拉底： 那么，是不是还需要他当士兵的天赋呢？

格劳孔： 是的。

苏格拉底： 因此，我们在找士兵时就需要选择那些适合保卫国家的人。

格劳孔： 这是我们应该做的。

苏格拉底： 这是一项比较重要的任务，我们必须要尽我们最大的能力，含糊不得。

格劳孔： 对，不能含糊。

苏格拉底： 就保卫城邦的能力来说，你觉得选择一条猎犬合适，还是选择一个聪明的青年合适呢？

格劳孔： 你说这句话是什么意思？

苏格拉底： 我的意思是说，这两者都需要有敏锐的反应，发现前方有敌人时，能勇于冲锋陷阵，追上敌人，与其搏斗，并战而胜之。

格劳孔： 对打仗来说，他们都需要有这种品质。

苏格拉底： 他们不仅要善战，还一定要勇敢。

格劳孔： 当然。

苏格拉底： 不论是马还是狗，或其他动物，如果非常懒惰，作战时能变得很勇敢吗？你有没有注意到，精神所引发的力量是很难战胜的。有了精神的支撑，即使大敌当前，任何生灵也会变得不屈不挠，意志坚强，所向无敌。你说对吗？

格劳孔： 是的。

苏格拉底： 现在，我们对守卫城邦的士兵的身体上所应具备的素质应该有个比较清晰的轮廓了。

格劳孔： 是的。

苏格拉底： 还有心灵方面，他们的心灵也应该是坦坦荡荡的。

格劳孔： 是的。

苏格拉底： 但是，如果他们都具有这么好的天赋，精神勃发，他们会不会在国内引发内乱，或者与其他公民发生野蛮的举动呢？

格劳孔： 这确实是很难避免的问题。

苏格拉底： 而他们必须要对敌人凶狠如狼，对自己人温文尔雅。如果不这样的话，他们还没等到敌人来攻打，自己就把自己消灭了。

格劳孔： 是这样的。

苏格拉底： 那我们该怎么办呢？去哪儿找既温和又能拼命的人呢？毕竟温和与拼命是相互矛盾、相互对立的啊！

格劳孔： 这的确是一种矛盾。

苏格拉底： 如果守卫城邦的人仅具有这两种品格中的一种，那么他就很难胜任守卫的重任。既然这不能兼得，我们可以推断，一个合格的守卫国家的士兵是不存在的。

格劳孔： 是的，你说得对。

第三章 论城邦守卫者的幸福

◆ →辩论者:苏格拉底/阿德曼托斯 ◆

苏格拉底:这时,阿德曼托斯在我谈话时插进来一个话题。

阿德曼托斯: 苏格拉底,要是有人说是你让这些守卫城邦的人找不到任何幸福,并使他们自作自受地成为忧愁的人,对此你要做出怎样的解释呢?事实也是这样,从表面上看,好像他们保卫了城邦,但他们却得不到任何好处,不能享受和平常人一样的获得土地、建造住宅、置办奢侈家具等待遇,更不能拿出自己的物品献祭诸神、接待宾客,来取得神和人的欢心。也就是说,只要是金银财宝以及希望幸福的人们常有的一切,我们的城邦守卫者统统不能享有。他们是受雇佣的,用自己的生命赢来了国家的安全,而到头来他们却一穷二白。对这种说法,你如何回答呢?

苏格拉底: 你说得不错,我甚至还可以替问这一问题的人补充一点。守卫者仅仅能得到吃的,除此之外,他们不能像其他人那样拿到金钱。因此,他们想去哪里都无法如愿,旅游更是与他们无关,高消费、女人、奢华的住宅更不敢多想。要是继续说下去，我还能做出更多的补充。

阿德曼托斯： 假设我刚才说的话全都是对你的质询，你如何回应呢？

苏格拉底： 你不就是让我解答你的提问吗？

阿德曼托斯： 是的。

苏格拉底： 如果我们沿着刚才的讨论继续下去，我相信就会找到正确的答案。现在我做出的回答是：我说的城邦守卫者的那种一穷二白的生活是最幸福的。这一点也不奇怪。因为我们建立这个国家的理想目标并不是让某一个阶级独自享受幸福，而是让这个国家的全体百姓幸福。我认为我们所要寻找的正义也只有在这样的国家中才能找到，如果在一个无序的国家或城邦里，非正义的现象比比皆是，那么这样的国家或城邦也就无望了。现在，我们找到了正义的国家和不正义的国家，我们是不是可以从中比较出哪种国家的公民更幸福了呢？我觉得我们首先要铸造出一个幸福国家的模型，这种模型应该是全民性的，而不是为极少数的人打造幸福。

后面，我们还要接触到与之相反的国家模型。我先来打个比方，如果我们正准备给一座塑像上色时，一个人过来说："眼睛是人体最美的部分，而最美的部分应该用紫色来表示，你为什么不把眼睛涂成紫色，而涂成黑色呢？"对于这样的疑问，我认为可以这样回答他："尊敬的先生，看来你根本不想让我美化眼睛，因为如果按你的想法上色，那么眼睛看上去就不是眼睛了。"这个道理放在其他器官上也是一样。画家作画，用人体的五官应有的色彩去表现它们，这样才能表现出整体的美。

我讲这个例子是要说，不要按你自己的意思去解释守卫我们城邦的士兵的幸福观，否则他们就不是什么守卫者了。你要知道，农夫们可以穿上礼袍、戴上皇冠去种田，他们想干就干，不想干就可沉迷于吃喝玩乐，没有人敢对他们怎么样；制陶器的人可以躺在沙发上打发时间，制作陶器的事想干多少就干多少。如果真的这样，那么国家任何阶层的人都可以获得幸福，全国的人民也都是幸福的。但我对此却不以为然。因为真的这样的话，那么，农夫将不再是农夫，陶工将不再是陶工，同样，其他各领域的人也将失去他们的阶级本性。以上这些现象，出现在一般百姓身上不是什么大问题，比如，皮匠因为懒惰而不干活，这仅仅是让人们没有了皮鞋穿。但如果发生在国家和法律的保卫者——守卫城邦的人身上，他们就不是真正的守卫者，或者说只是名义上的守卫者，那么你就会亲眼看到国家的前途就断送在他们手上了。我们培养国家或城邦的守卫者，目的就是让他们保卫国家，而不是颠覆国家或城邦。而那些整天抱怨我们培养国家守卫者的人没有任何责任心可言，是自私的。他们一心只想着正在花天酒地的公民，而不是正在履行国家职责的公民。如果真是这种情况，我想我们谈论的就不是同一个话题了，而他们所说的也不是一个国家。因此，当我们选择国家守卫者时，很有必要对他们的幸福先进行一番考察。也可以这么说，要先看他们的幸福观与保卫国家的工作是否会发生冲突。

假如你赞成我的观点，那么就有责任劝导守卫国家或城邦的人尽职尽责地做好自己的工作，同时还要劝导国内从事其他职业的人以国为荣。如此一来，整个国家才会得到和谐有序的发展，国内各种阶层的人也才会得到自然赋予他们的一份幸福。

阿德曼托斯： 你说得对。

苏格拉底： 我又产生了一个新的想法，不知道你是不是赞成。

阿德曼托斯： 不妨说出来听听。

苏格拉底： 应该有两个原因会造成技艺的退化。

阿德曼托斯： 是哪两个原因呢？

苏格拉底： 贫穷和财富。

阿德曼托斯： 它们怎样使技艺发生退化呢？

苏格拉底： 如果一个制陶者发了财，那么，他还会一如既往地发展他的手艺吗？

阿德曼托斯： 很明显，不会的。

苏格拉底： 他会变得越来越懒，越来越不重视自己的技艺，对不对？

阿德曼托斯： 是的，他很快就变得腐败不堪了。

苏格拉底： 如果这个制陶者不懒，但因为贫穷，没有买工具和原材料的钱，他是不是同样没有能力将自己的工作做好，更没有能力带好自己的儿子或徒弟？

阿德曼托斯：这是当然。

苏格拉底：这么说贫穷和财富都能让技艺及掌握技艺的人发生退化，是不是？

阿德曼托斯：是这样的。

苏格拉底：既然这样，我们就发现了一种罪恶的根源。国家或城邦的守卫者必须时刻对此保持警惕，尽一切努力去防止它们悄悄地潜入国家或城邦内部。

阿德曼托斯：你说的罪恶指的是什么？

苏格拉底：就是刚刚提到的贫穷和财富。一个人会因为贫穷而变得懒散，也会因为拥有财富而变得奢侈。这两者难道不是国家或城邦中消极的、罪恶的东西吗？

阿德曼托斯：这个说法有一定的道理。苏格拉底，但我还想知道，一个国家如果没有财富的支持，要怎样同侵犯自己国家的敌人打仗呢？特别是不得不与一个比本国富足而强大的城邦作战，那时，我们不是明显处于劣势吗？

苏格拉底：这个问题确实是存在的。但我认为，与一个强势的敌人作战比较困难，但与两个强势的敌人作战就没有那么困难了。

阿德曼托斯：你这话是什么意思呢？

苏格拉底：我们与别的国家发生战争时，不得不派出受过严格训练的士兵迎战，而对方的军队则都是由富人组成的，对吗？

阿德曼托斯： 对的。

苏格拉底： 那么答案就出来了，一个技艺超群的士兵足以对付十个技艺不通、身体肥胖的富人，何况我说的是只有两个敌人。

阿德曼托斯： 如果两个人同时发起进攻，我认为也是很难获得胜利的。

苏格拉底： 我不这样认为。我有办法让他取胜，他可以先脱身在前面逃，然后将两个对手中先追上来的人打败。如果争斗发生在烈日之下，他如此重复几次，凭借自己的技艺，很容易就能将两个身体素质极差的富人打败，以一敌十是非常有可能的。

阿德曼托斯： 如果都按你说的去发展，当然会取得胜利，但这个方法如同儿戏，听上去没有什么精彩之处。

苏格拉底： 即使这样，我们还是要承认，在军事科学和素质方面，富人获得的知识会更多、更宽广。

阿德曼托斯： 是的，你说得对。

苏格拉底： 因此，我们的勇士如果与比自己多两倍、三倍的对手拼搏，应该是不会吃亏的。

阿德曼托斯： 我同意你的说法。

苏格拉底： 战争发生之前，如果我们派一名使节到其中的一个敌国去，将我们的优势展示给他们，告诉他们我们有打胜仗的能力，但没有金和银，而你们国家富有，难道就不想与我们联合去消灭另一个强国吗？听到这样的话，有谁愿意去和一只瘦而精壮的狗打仗，而不愿意与它联合起来去打败另一只肥笨的大绵羊呢？

阿德曼托斯：大绵羊和狗之间，有谁会选择狗呢？但现在的问题是，多数的财富都集中到一个大国家去，对穷国来说是非常危险的。

苏格拉底：你将我们所建立的理想国家以外的任何别的国家，称作一个国家，这让我感到很忧虑。

阿德曼托斯：那我应该怎样称呼它呢？

苏格拉底：别的国家都是由许多个群居的社会积聚在一起的，因此，你应该称之为"它们"，而不是"它"。无论什么样的国家，都可以分成穷人和富人两部分。这两部分好似水火，互不相容。而且这两部分的人群之间还各自分成若干个更小的对立部分，你在其中会感觉无所适从。如果你将这些都看成是独立的社会群体，而不是一个国家，并将整体的财富、权力分给他们，那你就会交到很多朋友，且只有极少数的人与你作对。因此，你的国家只要坚持贯彻执行一条既定的方针，就会有序地发展下去，终会成为最强大的国家。我这里说的"强大"是真正的强大，不是名义上的强大。谁也不能找到像我这样能缔造一个真正的具有规模且独立的理想国家，不论是海伦尼斯还是它以外的任何一个地方都不能与这样的国家相抗衡。对我所说的，你有什么不同的想法吗？

阿德曼托斯： 我没有什么不同的想法了。

苏格拉底： 还有，国家的统治者在考虑城邦的规模或想拥有疆土的大小时，似乎应该规定一个不能超过的最佳限度。

阿德曼托斯： 在这方面你有什么想法呢？

苏格拉底： 国家的疆土要大，但也要统一，这就是最佳的限度，这种限度是不能被超越的。

阿德曼托斯： 你说得太好了。

苏格拉底： 这样，我们有必要交给守卫国家的士兵另外一项任务，那就是要有责任心，把我们的城邦看好，既不能让它太小，也不能让它只在表面上看着大，而实际上却不统一。

阿德曼托斯： 这项任务不算难。

苏格拉底： 在这里，我还要谈一个对于士兵而言更容易的任务。守卫国家的士兵还要确保他们后代的素质。如果后代素质低劣，就不能继承他们的行业再做士兵，而是进入其他阶级。而如果其他阶级的后代有优秀的素质，就可以将他们选拔上来做守卫者的继任者。我要说的是，国家用人要因人而异，整个国家没人例外。一个人有什么样的天赋，就应该完成什么样的任务，这样才能发挥各人所长。如此一来，整个国家或城邦就会由分裂而变得统一。

阿德曼托斯： 是的，这项任务看上去真的不难。

苏格拉底： 阿德曼托斯，我们为我们的国家执政者缔造的这套伟大的方案很简单，不像有些人想象的那样难。因此，执政者们没有任何理由说做不到，只要他们能有"我不将其称为大事，只将它称为能解决问题的事"的态度，那么，这问题就解决一半了。

阿德曼托斯： 你说的"事"是什么？

苏格拉底： 我说的是教育和抚养。试想，如果我们国家的公民都受到了良好的教育，都可以明辨事理，那么他们在处理起我们谈论的事情和其他一些没有谈及的事情时，就会得心应手了，如婚嫁、生育等事情。这类事情的处理要遵循同一个原则，用一句俗语来说，就是"朋友之间不分彼此"。

阿德曼托斯： 是这样的道理。

苏格拉底： 归纳一下我说的话，就是要奉劝我们国家的执政者必须要注意，不能让自己的国家在不知不觉中败落，要始终坚守着自己国家的一切，如不能让体育和音乐出现新的样式，违反固有的秩序。当人们最喜爱的歌手推出新歌时，执政者就要开始担忧了。他们担忧的不是新歌被赞誉，而是新歌的花样。所以执政者不应该去称赞这种东西，而是应该指出诗人的责任所在。因为音乐的任何翻新，对国家来说都是危险的信号，所以应该给予严厉的控制。戴蒙曾经说："歌曲的形式一般是不会发生变化的，除非国家的基本法律有所变动。"我非常相信这句话。

阿德曼托斯： 是的，我也会说这样的话。

苏格拉底： 这样看来，我们的国家守卫者首先需要在音乐领域把好关。

阿德曼托斯：这种无政府式的东西确实很容易就潜进人们的生活。

苏格拉底：一般人只把它看作是一种游戏，似乎没有什么危害。

阿德曼托斯：仅从音乐本身来说，它没有什么坏处，但当它被视为一种工具时，就会成为一种精神，首先会渐渐地渗透到人们的心灵中去，改变人们的性格和习惯，然后会扩散到人与人之间的关系中，最后再由人与人的关系肆无忌惮地进入法律和国家的政治制度中。苏格拉底先生，我认为它推翻了公权的同时，也推翻了私权。

苏格拉底：你觉得是这样吗？

阿德曼托斯：我坚信是这样的。

苏格拉底：这样的话，我们必须严格教导孩子，训练和提高他们的智力。而这种训练要在法律的制约下进行，如果没有法律的制约，孩子们长大后，品行就会出现问题，很可能会做出违反法律的事情。

阿德曼托斯：你说得对。

苏格拉底：假如孩子们一开始就有遵守法律的思想，这种思想就会主导他们对音乐的理解，就会自觉抵制和反对违法的娱乐。这种守法的精神如果能时刻支配着孩子们的行为，那么他们就能健康地成长。国家一旦发生动乱，他们会明辨是非，知道自己应该为国家的稳定做出怎样的努力。

阿德曼托斯： 是这样的。

苏格拉底： 孩子们受到了良好的教育，长大后就能对眼前的事态有自己的理解，不会屈服于一些失误。他们会对遇到的一切不合理情况发出挑战，直到能制定出新的合理化秩序。

阿德曼托斯： 秩序？指的是什么？

苏格拉底： 我说的秩序指的是：年轻人在长者面前应该时刻保持沉默和肃静；见到长者时应该起立，给他们让座，以表示敬意；对父母要尽孝道；要注意头发整洁、着装得体；还要注意自己的仪容笑貌和行为举止。类似这样的情况，可以说是数不胜数。你是否同意我这样的看法呢？

阿德曼托斯： 我同意你的看法。

苏格拉底： 一个人受什么样的教育往往会影响到他的发展，决定他将来的目标方向，这说的是"同林鸟效应"。事实是这样的吗？

阿德曼托斯： 是的。

苏格拉底： 一件极为重要的事情的结果不外乎令人满意和不尽如人意，是不是？

阿德曼托斯： 是这样的。

苏格拉底： 既然这样，我认为已经没有为这些问题制定法律的必要了。

阿德曼托斯： 是的，你的理由看起来很充分。

苏格拉底： 可是有关商务的问题就不一样。现在，商品交易市场发展起来了，人们在市场上互买互卖，这就产生了一些不同的契约，如工匠与工匠之间的契约。但同时也出现了违约现象，相应地就出现了有关侮辱和伤害的诉讼。此外还出现了一系列问题，如民事案件的起诉有指定陪审员等繁杂的问题，有关市场和码头税金的征收问题，市场与警察、海港的操作规则问题……这些问题真的很难数清。我们是不是应该逐一为它们制定相关的法律条文呢？

阿德曼托斯： 我不这样认为，这太劳民伤财了。对那些正义的人来说，他们一辈子也无法读完强加给他们的这些法律条文。或许当他们知道该如何按照法律条文去做时，他们已经老了。大多数情况下，他们会主动寻找适合自己的法律条文的。

苏格拉底： 是的，阿德曼托斯，只要他们得到神灵的帮助，能遵守住最初给他们制定的法律，就足够了。

阿德曼托斯： 如果得不到神灵的帮助，他们将没完没了地制定烦琐的法律或更改原来的法律，一生都是这样。

苏格拉底： 你是不是将他们看作是生活上放纵无度、没有什么自制能力的人？

阿德曼托斯： 你说对了。

苏格拉底： 这种人虽然可能总是去看医生、吃药，但病情也很可能越来越严重，可他们一直渴望能有一种灵丹妙药将他们的病治好，使他们恢复健康。

阿德曼托斯： 大概是你说的那样吧。

苏格拉底： 不仅这样，有趣的是，他们对那些在他们面前讲真话的人，怀有一种莫名的敌意。他们并不知道自己身上最大的病症是暴饮暴食、游手好闲、寻花问柳。无论是医院的内科、外科，还是辟邪镇魔的符咒，都无法医好他们的这些病症。

阿德曼托斯： 既然他们对讲真话的人怀有敌意，那你为什么还说他们"有趣"呢？

苏格拉底： 我想，这种人说什么你也不会对他们有好感的。

阿德曼托斯： 是的，不会产生好感。

苏格拉底： 如果一个国家也用我们刚才说的那种人的方式来治理，我想也不会得到你的赞同。但事实上真的有这样的国家。他们的秩序非常混乱，却不允许公民违反国家的制度，一旦违反就会被处以极刑。而这些国家中也存在一些政治嗅觉比较敏感的人，虽然处于不良秩序下，但是仍热情地为国内的公民做事。为此，他们还不惜巴结和奉承下层人，窥探他们的心思，满足他们的欲求，以此来换取公民对他们的尊敬。你不觉得他们就是恶魔所说的那种有病的人吗？

阿德曼托斯： 是的，在这种国家里，这都是一些让人不齿的病人，不值得任何的称道。

苏格拉底： 但还有一种人默默无闻地为国家奉献着，他们同样是政客，甘心从众，从不计较个人的得失。你说这样的精神是不是值得我们称赞呢？

阿德曼托斯： 这是当然的，但不能称赞那些没有主见、唯命是从，甚至还沉迷于公众的赞美的人。他们的这些行为都是在自欺欺人。

苏格拉底： 你这话的意思是什么？你就一点也不同情这种人吗？假如一个人不懂得如何测量自己的身高，那么当他遇上一些也不会测量身高的人，但他们对他说他的身高是六尺，你说他会相信那些人说的话吗？

阿德曼托斯： 他当然会相信。

苏格拉底： 因此，你就不必生他们的气了。他们就像是舞台上的小丑，既可怜也有趣。其实，他们也像我们刚才说的那样，希望通过对法律条文做出一些小小的改革，能找到办法来杜绝市场上的一些不合理和不合情的弊端，但他们却不知道，这样做无异于拿刀砍九头蛇①。

阿德曼托斯： 是的，他们是在做着这样的事呢。

苏格拉底： 由此可以得出结论，不论是政治上井然有序的国家，还是杂乱无章的国家，真正的立法者在法律和宪法上都不应该标新立异、自寻烦恼。这是因为政治秩序良好的国家里，法律和宪法很容易制定，并且有很多宪法条文可以参照前人留下的相关制度；而政治秩序混乱的国家，法律和宪法就是一纸空文。

---

① 译者注：古希腊神话中的怪蛇，有九个头，砍掉一个头会又生出两个头。

阿德曼托斯：你这么说的话，立法人还有什么可做的呢？

苏格拉底：是的，我们没什么可做的，但特尔菲之神阿波罗还是有事要做的，他还要制定很多重大、高贵的法律。

阿德曼托斯：还要制定哪些法律呢？

苏格拉底：还有很多，如百姓们祭神需要的庙宇、程序、仪式，奉神、半神及英雄的其他形式，殡葬、招魂、驱鬼等所要遵循的统一的规则。我们并不懂得这些事，但我们是理想国家的缔造者，不能将这些事交给巫师之类的人，因为那简直是对祖宗和神灵的亵渎。阿波罗是大地之神，位于中央，是人类宗教的阐释者。我们应该充分信任阿波罗。

阿德曼托斯：我同意你的说法，我们可以按照你说的做。

第四章　论城邦的妇女、儿童公有制

◆ →辩论者：苏格拉底/格劳孔 ◆

苏格拉底： 在国家的建设工作中，究竟哪些工作只适合男性或只适合女性呢？

格劳孔： 我想没有人能找到区分的标准。

苏格拉底： 所以任何一项管理国家的工作，都不能因为谁在做就专属于谁。无论什么职务，男性和女性都可以参加。

格劳孔： 诚然。

苏格拉底： 那就是说，其实男性和女性都可以胜任国家守卫者的工作。

格劳孔： 显然是这样。

苏格拉底： 请你告诉我，守卫者是不是国家里最好的公民？

格劳孔： 是最好的。

苏格拉底： 那女守卫者是不是也是最好的女人？

格劳孔： 也是最好的。

苏格拉底： 可见，我们的立法不但可以实现，对国家来说无疑也是最好的。

格劳孔： 确实如此。

苏格拉底： 刚才，在女性问题的探讨上，我认为我们已经越过了第一个浪头，庆幸的是没有遭受灭顶之灾。我们从讨论中得知，城邦的守卫者既可以有男性也可以有女性，而男护卫者与女护卫者担任的职务及其权力也应该是一样的。我们还相当一致地认同，这个建议不仅是可行的，而且对城邦来说是非常有益的。

格劳孔： 确实如此，你能越过这个不小的浪头可真是不容易啊！

苏格拉底： 等我掀起第二个浪头，你就不会说第一个浪头大了。

格劳孔： 那你就继续说下去吧，我拭目以待呢！

苏格拉底： 依我看，我们在前面所做出的所有论证以及得出的结果，都是在为一条法律辩护。

格劳孔： 是什么样的法律？

苏格拉底： 女人是男人的公共物品，应该归男人共有，任何一个男人或女人都不能与异性结成"一夫一妻"的小家庭。同样地，儿童也应该是公有的，父母不知道自己的子女是谁，子女也不知道自己的父母是谁。

格劳孔： 苏格拉底先生，你掀起的这个浪头果然比前一个要大得多。你有没有想过，任何人都会对你这个观点的可行性持有怀疑的态度。你说的这个建议有没有什么益处？

苏格拉底： 关于它有没有益处，我看你不必怀疑。谁都不会否认妇女和儿童一律公有的多种益处。但这能不能行得通，在我看来，将会引起极大的争论。

格劳孔： 这两个问题的争议都不会小的。

苏格拉底： 按你的说法，岂不是要腹背受敌了？本来，我希望你同意这个建议的益处，那样我就可以避重就轻，将问题的重点放在这个建议能不能行得通上了。

格劳孔： 我看得出你的心思，你休想轻轻松松地就溜过去了！你必须将那两个建议都说出一定的道理。

苏格拉底： 好，我一定会给你阐释清楚的，但请你原谅，我必须要先休息一下。有这样一种懒汉，他们在独自徘徊的时候总是想入非非，而不是急于找到实现自己目标的方法。他们习惯将目标放在一边，不思进取，不愿意动脑思考目标怎样才能实现，只假想目标已经实现，然后再虚无缥缈地空想，把各种大事都安排起来，并为自己的这种空想而感到高兴。他们这样做只会让自己原本懒散的灵魂更加懒散。其实，我也经常会犯这样的毛病，遇到一些问题时总是将它们放置在一边，一段时间之后再回头来研究它们。我们现在假设这种做法是行得通的，如果你允许我这样做，我愿意首先探讨城邦治理者们应该怎样安排这些事情，同时还要证明这些安排对国家甚至其辅助者都是有好处的，然后再讨论其他问题。你赞成我的做法吗？

格劳孔： 我赞成，你继续说下去吧。

苏格拉底： 我是这样认为的：如果国家的治理者及其辅助者都名副其实，辅助者必须愿意接受命令，但是治理者也应该敢于发布命令，并且在发布命令时要遵守国家的法律。

格劳孔： 是这样的。

苏格拉底： 既然这样，我假定作为立法者的你，选出了一些男人的同时，也选出了一些女人。选出的女人与男人要有同样的品质，你将这些女人派给这些男人。他们同吃同住，日夜相伴，但没有任何私有财产。他们彼此生活在一起，每天都相互面对，人的本性导致两性的结合。我说的这种情况是不是一种必然的结果？

格劳孔： 这是情欲的必然，而非几何学上的必然。对大多数人的行动来说，二者相比，情欲的必然有更大的强制力与说服力。

苏格拉底： 格劳孔，这是当然。不过，如果两性行为或是他们的其他行为都毫无秩序、杂乱无章，那么这对一个有序的国家来说是一种亵渎。我们的国家治理者绝不容许发生这样的问题。

格劳孔： 是的，没有秩序是不对的。

苏格拉底： 因此从这方面来说，婚姻大事应该看作是一件神圣的大事，如果是这样的话，婚姻就是一件有益的事情了。

格劳孔： 是这样的。

苏格拉底： 那么，格劳孔，请告诉我怎么做才能使婚姻更为有益呢？我知道你家里养着一些猎狗和许多纯种公鸡，它们的交配与生殖情况，你有没有留意过呢？

格劳孔： 你说什么？

苏格拉底： 我的意思是说，如果将所谓的纯种都视为良种，那么，是不是证明它们比其他同类更优秀呢？

格劳孔： 是的。

苏格拉底： 那你是对它们一视同仁，让其自由繁殖呢，还是想尽办法从中选出最优秀的品种加以繁殖呢？

格劳孔： 我当然是选择后者，让最优秀的繁殖。

苏格拉底： 我再问你，你选择用于繁殖的对象是最幼小的，还是最老的，或者是那些正值壮年的呢？

格劳孔： 我想这不用多说，当然是选择那些正值壮年的。

苏格拉底： 如果你不这样选种，那些猎狗和公鸡的品种是不是会每况愈下？

格劳孔： 是的。

苏格拉底： 马和其他兽类是不是一样？它们之间没有什么不同吧？

格劳孔： 如果不是这样，那就是出现怪事了。

苏格拉底： 天啊！亲爱的格劳孔，如果人类同样遵循这样的原则，那么我们的统治者要使出多少手段啊！

格劳孔： 这个原则对人类是适用的，但你为什么要说统治者要使出手段呢？

苏格拉底： 因为统治者要应对这样的情况需要使用大量的灵丹妙药。对愿意用膳食治疗、不需要服药的病人，一般的医生就可以了；但如果遇到需要服用药物的病人，就需要一个敢想敢做而又医术高明的医生才行。

格劳孔： 很有道理，但这与我们谈论的话题有关联吗？

苏格拉底： 这可以理解为，统治者为了顾及被统治者的利益，有时不得不说一些假话或做一些虚伪的行为来蒙蔽被统治者。像我们以前说的那样，蒙蔽可以当作一种药物使用。

格劳孔： 是的，说得对。

苏格拉底： 而在结婚和生育方面，就要注意"谁对谁"的问题了。

格劳孔： 这句话是什么意思？

苏格拉底： 从之前的讨论中，我们可以推出：婚姻中最好的结合是，最好的男人与最好的女人尽可能多地结合在一起，而最坏的男人与最坏的女人要尽可能少地结合在一起。像保持商品的最高质量一样，对最好者的下一代要严格培养，对最坏者的下一代则不予养育。但是，在一个国家中，除统治者外，其他人不应该知道这些事情的发展过程。否则，城邦的守卫者之间很容易就会出现不团结的现象。

格劳孔： 说得很对。

苏格拉底： 按照法律给公民制定的相应假期，新婚夫妇要欢聚宴饮、祭祀神明，诗人要为他们作赞美诗、祝贺嘉礼。而国家对结婚生育也要有所控制，结婚生育的多寡受战争、疾病以及其他因素的影响。统治者要根据各种因素，使国家保持适当的人口，尽量让城邦人口不过多，也不过少。

格劳孔： 是的。

苏格拉底： 如果人口大大超过了统治者控制的底线，那么控制人口的最好办法莫过于设计一套巧妙的抽签方法了。这样就使那些求偶失败的人不责怪统治者，而是怨自己的运气不好了。

格劳孔： 这个办法挺好的。

苏格拉底： 我认为，统治者除了给那些在战争中英勇卫国、功勋昭著的人荣誉和奖金外，还要给他们更多的机会与妇女结合，以便能在他们身上得到更多的后裔。

格劳孔： 非常对。

苏格拉底： 统治者应该派专门的官员去抚养他们的后裔。这些官员不能有性别限制，但品质一定要好。

格劳孔： 是的。

苏格拉底： 城邦守卫者生下的优秀孩子，一般交给保姆抚养。保姆住在城中另一区中。而其他人生下的有先天缺陷的孩子，将会被秘密处理，具体的情况谁都不是特别清楚。

格劳孔： 对，这是统治者进行民族优化的必要条件。

苏格拉底： 抚养孩子需要有效的监管制度。如监管者要监督母亲们在有奶的时候，尽量去保姆那里喂养孩子，但绝不能让她们认清自己的孩子，如果母亲的奶不够，就另外找奶妈。但还要注意，不能让母亲们喂奶的时间过长，将给孩子守夜及其他复杂的事情交给保姆去做。

格劳孔：你竟然将守卫者妻子抚养孩子的事情安排得如此轻松。

苏格拉底：看上去简单，但其实一点也不容易。现在让我们讨论一下我们规划的第二部分。刚才说过，男女应该在壮年的时候生育儿女。

格劳孔：这是当然。

苏格拉底：那么，你认为女人精力最好的时候大约有二十年，而男人有三十年吗？

格劳孔：你觉得哪几年比较合适？

苏格拉底：女人应该在二十岁到四十岁之间，而男人应当从过了跑步速度最快的年龄一直到五十五岁。

格劳孔：在这两段时期，男女身心健康，精力旺盛。

苏格拉底：所以说，如果超过了这个年龄段或不到这个年龄段的男人和女人也给国家生育孩子，就是对国家不负责，同时也亵渎了正义。因为他们的生育得不到公开的男女祭司和全城邦的祷告祝福，而孩子也很可能会被当作愚昧和淫乱的产物。祷告祝福在每次正式的婚礼中可以得到，是祈求让夫妻的下一代更优秀，胜过老一代，对国家更有利。

格劳孔：说得很对。

苏格拉底：法律还应该严厉制止出现这样的情况：一个处在壮

年的男人和一个处在壮年的女子违法结合，并生出了一个孩子。如果出现这样的情况，就是给国家丢下了一个私生子，这不仅违反了法律，也亵渎了神明。

格劳孔： 太对了。

苏格拉底： 此外，还有一种情况：男人和女人都过了生育年龄之后，就让这样的男人与任何女人相处，当然除了女儿和母亲，以及女儿的女儿和母亲的母亲；而女人也可以和任何男人相处，除了儿子和父亲，以及儿子的儿子和父亲的父亲。但他们必须要注意，不能让所怀的胎儿出生，即使出生了，也要加以处理，因为这种后代得不到法律的认可，不能抚养。

格劳孔： 你说得很有道理，但也有问题存在，他们要怎样辨别各自的父亲、女儿，以及所说的各种亲属关系呢？

苏格拉底： 这确实是一个问题，但也有解决的办法，就是当一个男人结婚之后，他将所有在他结婚后第十个月或第七个月出生的孩子当成自己的孩子，又将他们的儿女叫作孙子和孙女，而所有孩子都将父母生自己期间出生的男孩、女孩称呼为兄弟姐妹。他们相互之间不能发生性关系。但法律要允许兄弟姐妹同居，我认为特尔菲之神也会同意我所说的形式。

格劳孔： 对极了。

苏格拉底： 所以，这就是城邦护卫者之间妇女、儿童公有的做法。这种做法并不违背我们的政治制度，而且还具有一定的进步意义。所以这个问题我们还要在接下来的辩论中进行论证。

你觉得呢？

格劳孔： 当然要这么做。

苏格拉底： 为了我们能达成一致的意见，我们是不是应该先确认以下几个方面：首先，至善的国家制度是什么，立法者立法所追求的至善是什么，而至恶又是什么？其次，应该考虑一下我刚才提出的建议更接近于善还是恶？

格劳孔： 是很有这个必要的。

第五章　论守卫者与国家的稳定

◆ →辩论者：苏格拉底/格劳孔 ◆

苏格拉底：对一个追求稳定的国家来说，能有什么比团结更为善、比分裂更为恶呢？

格劳孔：我看没有。

苏格拉底：当一个国家的所有公民都自觉形成同甘共苦、患难与共的精神时，是不是就形成了一条团结的纽带？

格劳孔：这是当然。

苏格拉底：但假如公民都只想各自的事情，心里有各自的个人计划，完全不顾国家与同胞的死活，那么这个国家定会处于无序的状态，团结的纽带就无从谈起了。

格劳孔：是的。

苏格拉底：你觉得出现这样的情况，民众和国家的情感是不是就脱节了？比如，人们对"我的"与"非我的"或"他的"与"非他的"之类的为人处世准则不能形成共识。

格劳孔：确实如此。

苏格拉底：如果一个国家绝大多数人对相同事情的价值判断标

准是"我的"与"非我的",那么这个国家是不是最好管理、最团结的国家。

格劳孔: 是的,很正确。

苏格拉底: 不得不承认,世界上最难攻克的国家是国内人民最团结的国家。现在问题出来了:当一个国家的全体公民团结得像一个人似的时,国家的各部分肯定受国家灵魂的掌握;当其中的一部分出现问题时,就会"牵一发而动全身";如果某一部分非常出色,同样也会出现这样的情况。你说对吗?

格劳孔: 是这样的,一个有序的国家是应该像你所说的那样,民众之间非常团结,他们有共同的感情,利益与共。

苏格拉底: 因此,这样国家中的任何一个公民遭遇好、幸福快乐时,这个国家的国君就会说,这是国家的荣耀;而当国家中的任何一个公民遭遇坏、受累吃苦时,国君也会说他们所受的苦是国家的一部分。这就是俗语说的"有福同享,有难同当",是吗?

格劳孔: 是的,这是团结有序的国家应该有的现象。

苏格拉底: 那么,现在我们再回头进入我们的理想国看看,在我们的国家里能不能看到我们刚才所说的那些品质和国民素质呢?

格劳孔: 是要看看的。

苏格拉底: 像别的国家一样,我们的理想国在体制上也有统治者、被统治者以及一般的官宦。

格劳孔：是的。

苏格拉底：他们彼此之间以"公民"互称。

格劳孔：对。

苏格拉底：而事实上，在其他一些国家中，普通公民是怎样称呼统治者的呢？

格劳孔：有各种不同的称谓。有的称主人，有的称君主，但不会叫他公民的。

苏格拉底：而在我们的理想国中，除了称统治者"公民"外，老百姓还称呼他们什么？

格劳孔："保护者"或"扶助者"。

苏格拉底：我们理想国的统治者是怎样称呼他们的百姓的呢？

格劳孔：称呼他们为"供养者"或"衣食父母"。

苏格拉底：那么，在其他国家中，统治者怎样称呼他们的百姓呢？

格劳孔：称他们为奴隶。

苏格拉底：那在其他国家，统治者之间又是怎样称呼对方呢？

格劳孔：称"同治者"。

苏格拉底：而在我们的国家呢？

格劳孔：同守卫者。

苏格拉底：其他国家的统治者有的以朋友相称，有的却像是仇人一般，绝不往来，这你听说过吗？

格劳孔：我听说过，但这很正常。

苏格拉底： 他们是不是还将同事的朋友看作是自己的朋友，而将同事还看成是同事？

格劳孔： 是的，确实有这样的情况。

苏格拉底： 那我们的守卫者会有将同事说成是外人的情况吗？

格劳孔： 当然不会出现这样的情况。他们将身边的每一个人都看成是自己的兄弟姐妹、父母子女。这种关系中存在着亲人般的亲情，当然也会有没有这种亲情的友谊。

苏格拉底： 你说得很对。而这里还有一个问题，他们之间的亲属关系只是名义上的，还是配合了他们的实际行动呢？如对所有的父辈长者，是不是按照伦理习俗对他们尊重和服从？对他们负起赡养、照顾等法律规定的义务和责任？违反这些法律规定的人是不是要受到惩罚？让这些道理成为全体公民的共识和社会教育中不可忽视的一部分，不断地对儿童灌输这种思想，让他们从很小就树立起照顾父母的意识，这有没有必要呢？

格劳孔： 这当然是很有必要的。只把亲情挂在嘴边，却不付诸实际行动的行为是非常荒谬的。

苏格拉底： 是的，如果一个国家到处充满着和睦的语言，公民就会比其他国家的公民团结得多。我们之前曾打过一个比方，当有一个人说自己心情很好时，大家也都会感觉心情很好；而当一个人说自己心情很糟糕时，大家也都会跟着说自己的心情很糟糕。

格劳孔： 事实是这样的。

苏格拉底： 既然一个国家的公民能做到如此和睦，是不是就说他们能同甘共苦？

格劳孔： 是的，他们会做到的。

苏格拉底： 因此，这样国家的君主是不是就有理由将这个国家所有的都看成是自己与公民有着共同的利益，与老百姓同苦同乐？

格劳孔： 是的，这是一个团结国家应该有的。

苏格拉底： 那么，共有的妇女和儿童也是要共同保护的，是不是？

格劳孔： 是的。

苏格拉底： 这就是我们缔造理想国的好处，这个好处就是连感情也是共同的，就像是我们把一个团结有序的国家比喻为一个国家的身体，你说身体的各个部分能不同苦同乐吗？

格劳孔： 这方面，我们早就达成一致的意见了。

苏格拉底： 同公民一样，管理层与管理层之间的妇女、儿童也是"共有"，这对国家来说也是有好处的。

格劳孔： 可以这么说。

苏格拉底： 这就与我倡导的另一条原则相吻合了。那就是国家守卫者的报酬来源于国家的人民，食物也是人民供给的，所以他们没有拥有土地或其他财产的必要，他们应该有一个真正保卫者的样子。

格劳孔： 你说得真是对极了。

苏格拉底： 我们还说过，让财产和家庭共有，才能使保卫者名副其实，因为这样，他们才能不用把心思放在区分"我的"和"非我的"利益归属问题上。如果他们的心思一直放在利益归属问题上，国家势必会变得四分五裂。

格劳孔： 是的。

苏格拉底： 如果真能做到财产共有，那么统治者除了自己国家的人民之外，就没有什么私有财产了。因此，他们之间也不会卷入诉讼和抱怨的事情里去，也就不会因金钱、子女和亲情而争吵。

格劳孔： 对，是这样的。

苏格拉底： 还有，袭击或侮辱人的事件也不会经常发生。这是因为，在同样的条件下，被侵犯时的自卫行为是正义的，保护自己就是保护自己的荣誉和正义，自卫的行为是有充分理由的。

格劳孔： 是的。

苏格拉底： 国家制定出相关的法律还有一个好处，就是当两个人发生争执时，他们可以当场发泄怒气，而不是把事情恶化，以至于冤冤相报。

格劳孔： 是的。

苏格拉底： 那么，是不是就可以赋予年长者一些重要的权力，让他们去监管和影响年轻人的行为？

格劳孔： 这样做很明显是对的。

苏格拉底： 如果没有统治者的命令，年轻人毫无疑问是不敢殴打和不尊重长辈的。如果哪个年轻人冒犯了长辈，定会受到社会的谴责，他应该会对这样的行为感到羞耻和畏惧。羞耻感使他们不敢对长辈们施暴；而畏惧感则使他们知道，自己一旦施暴就会让受伤害的人得到更多的同情和救助，到时他们就被孤立了。

格劳孔： 你说得对。

苏格拉底： 所以，我们的法律是不是应该在各方面帮助国内的公民维护相互之间的关系？

格劳孔： 是的，这样可以保证人们更加和睦地相处。

苏格拉底： 这样说来，一个国家不发生分裂和内乱，或者说这样的概率已降到最低，国家没有内忧外患，是建立在管理层内部不发生什么矛盾、国家的政局比较稳定的基础上的。

格劳孔： 是这样的。

第六章　论希腊的战争

◆ →辩论者：苏格拉底/格劳孔 ◆

苏格拉底： 有些琐碎无聊的烦心事情，真是不值得提及，我不愿意谈及诸如以下方面的事情：有的穷人会去谄媚富人；有的人为了养家糊口，不择手段，借债、放高利贷；有的人绞尽脑汁赚钱，就是为了给自己的女人消费……这些自私的人和事，是大家都知道的，根本不值得一提。

格劳孔： 是的，这种事情就是盲人也能明白。

苏格拉底： 因此，如果能让人们摆脱这些琐事，那么他们是不是就会幸福得像奥林匹克的胜利者一样呢？

格劳孔： 应该不止这样吧。

苏格拉底： 对，他们得到的比奥林匹克的胜利者还要多。奥林匹克的胜利者得到的荣誉和光荣，仅是他们所得幸福的一小部分。他们得到的是全方位的赡养和整个国家，得到的报酬是他们以及其儿女们都靠国家供养，需要的一切都由国家配给。他们不仅在活着的时候受到全国公民的敬重，死后还可以享受到厚葬的待遇。

格劳孔：这些待遇还真是优厚啊！

苏格拉底：不知道你还记不记得，我们之前说过，有人责怪我们没有使护卫者们得到幸福，说他们为公民管理着国家的一切，最终却得不到任何好处。我还说过，在适当的时机，我会再回过头来解释这个问题。但是，我们讨论到对守卫者的要求是要让他们成为名副其实的护卫者，确保整个国家公民的幸福，而不是只考虑到某一个阶级，只让某个特殊的阶级获得幸福。

格劳孔：是的，我记得。

苏格拉底：既然我们的守卫者的生活比奥林匹克的胜利者的生活还要好，那么他们是不是就没有必要与鞋匠及其他手工业者的生活现状相比较了呢？

格劳孔：我想是没有必要了。

苏格拉底：在这里我想把我以前说过的话再说一遍。如果守卫者一心追求不是一个名副其实的护卫者所有的幸福生活，对我们设计的、在我们看来是最好的、最和谐的生活不满足，以致利用权力损公肥私，企图将整个国家占为己有，那么他迟早会觉得赫西俄德说的"有时一半比全部好"是至理名言，那时，他也将不再是一名守卫者了。

格劳孔：如果我的话他能听进去，我就会劝告他知足。

苏格拉底：这样的话，你是不是也同意女人应该与男人拥有一样的生活？男人和女人要接受共同的教育，有共同的子女，也共同保护其他公民。只要是女人能做到的，就可以用一切形式与男人共有一切事物，如女人要像猎犬一样，与男人一同放哨、狩猎。这样没有违反男人和女人之间的自然特性和伙伴关系，而且还会让女人把事情做得更好。

格劳孔： 我同意你的说法。

苏格拉底： 即使如此，仍然存在需要讨论的问题：人类这样的男女共有机制能否像别的动物一样，真正地建立起来呢？如果能，要如何去做呢？

格劳孔： 我也正想问这个问题呢！

苏格拉底： 我觉得讨论这个问题只要探讨一下她们在战争中将怎么做就行了？

格劳孔： 你觉得她们该怎样做呢？

苏格拉底： 她们不仅要同男人一起奔赴战场，参加战斗，还要带着她们的孩子们亲身经历战争，磨炼他们的意志，就像别的行业中的母亲让孩子从小就学习手艺一样。她们不仅要让孩子看，还要言传身教，让他们帮助处理一些事情，以让他们能考虑自己的将来。当然，女人们还要从小培养孩子良好的美德。不知道你有没有注意过，技工们的孩子在继承父业之前，总会被他们的母亲带着去亲身体验一番。

格劳孔： 我注意过这样的情况。

苏格拉底： 难道技工们比守卫者们更应该注重教育和培养他们的孩子，以便让他们做好自己的工作？

格劳孔： 这种想法真是太可笑了！

苏格拉底： 在子女们面前，父母们总会表现得更加勇猛，这样可以激励和提高下一代人。

格劳孔： 是的。不过，苏格拉底，相信你知道这样做的风险非常大，因为胜败乃兵家常事，如果战败，跟随的孩子在战场上阵亡，岂不是阻碍了民族的振兴？

苏格拉底： 你说得也对，但总不能永远不让他们冒险吧？

格劳孔： 我绝无此意。

苏格拉底： 如果冒险是不可避免的话，那么经过冒险而取得胜利不是更能得到锻炼吗？

格劳孔： 显然是这样的。

苏格拉底： 如果一个孩子从小就立志做一名军人，而少年时却不去战争中实习，学习一些战争中的知识，觉得冒险是不值得的，那么他将来若要成为一个出色的战士，是不是很困难？

格劳孔： 是的。

苏格拉底： 但我们也要采取措施保证战争中孩子们的安全，这样不就两全其美了？

格劳孔： 是的。

苏格拉底： 此外，孩子们的父母要根据自己的军事经验，评估每一场战斗的危险性，不要让孩子们去参加危险性较高的战斗。这样就可以只在相对安全的战事中带着孩子参加，或者是在相对危险的战事中保持谨慎。

格劳孔： 父母们是要这样做。

苏格拉底： 他们还可以把孩子托付给那些较有经验的长者、领导者和教师。

格劳孔： 是的。

苏格拉底： 但战争的危险性是不可能被绝对准确地预测的，偶尔也会发生一些意外，对吗？

格劳孔： 对。

苏格拉底： 为了应对意外的发生，我们是不是应该给孩子插上逃生的"翅膀"，这样在危险来临时，他们就可以"挥动翅膀"逃走了。

格劳孔： 苏格拉底，你这是在开玩笑吗？

苏格拉底： 我刚才是打了一个比方。可以做出这样的解释：孩子很小的时候我们就让他们学骑马，然后骑着马跟随大人去看打仗，但不要让他们骑那种不听话的马，要让他们骑听话而又跑得快的马。这样一来，孩子们不仅能清晰地看到父母怎样打仗，还能在危险发生时，跟着长辈迅速撤离。

格劳孔： 你说得对。

苏格拉底： 再来说一下战场上的军队纪律。军队纪律该如何规定？士兵该如何对待自己人，又该如何对待敌人呢？不知道我的建议对不对。

格劳孔： 那就把你的建议说出来吧，我不会和你过不去的。

苏格拉底： 战场上，如果有士兵不尽职责，遇到强大的敌人就丢掉武器逃跑，或者是犯了其他类似的错误，是不是应该被降为工匠或者农夫？你觉得对吗？

格劳孔： 当然是对的。

苏格拉底： 如果有人甘愿做敌人的俘虏，我们是不是不应该去救他，随他让敌人如何处置？

格劳孔： 是的，我同意你的说法。

苏格拉底： 而如果一个士兵是战场上的英雄，英名远扬，他是不是应该受到战友及下一代人的尊敬？

格劳孔： 是的，非常赞同。

苏格拉底： 我们是不是应该伸出右手与他们握手以表示敬意。

格劳孔： 应该的。

苏格拉底： 但是，我下面的建议你就不一定同意了。

格劳孔： 你要先把你的建议说出来。

苏格拉底： 他们应该吻尊敬他们的人，以表示对他们的感谢，当然也要接受每一个尊敬他们的人的吻。你同意这个建议吗？

格劳孔： 我不但完全同意，而且还要补充一点，在战争期间，他们想爱谁就爱谁，谁也不能拒绝。这样的待遇无论男女都一样。因为这种别人得不到的奖赏，更能激发他们去保卫国家。

苏格拉底： 不错，我们之前也谈论过，优秀的人应该拥有比别人更多的妻子或丈夫，这样他们就可以尽可能多地生出优秀的孩子。

格劳孔： 是的，前面说过这个观点。

苏格拉底：《荷马史诗》中记载了一位受到尊敬的士兵——阿雅克斯。他在战争中非常勇敢，因此在庆功会上得到了全副脊肉的赏赐，这既是给他的奖赏，也可以助长年轻人的体力。

格劳孔： 说得极是。

苏格拉底： 我们可以按照那种做法，在祭礼及其他类似场合上，表扬那些成就显著的勇士和英雄们，给他们刚才说过的那些特殊的礼遇，赐予他们上座，给予他们羊羔美酒，给他们唱赞美诗，不论男女。这样我们既可以增强他们的体质，也给他们以荣誉。

格劳孔： 说得好极了。

苏格拉底： 这样的话，如果有士兵在战争中不幸壮烈牺牲，我们是不是应该给他们扬名，还要将他们划入名门贵族的行列中去？

格劳孔： 那是当然。

苏格拉底： 我们还要不要相信赫西俄德诗篇中所说的观点——名门贵族在死后能成为"大地中的神圣精灵，一切普通公民的保护天使"？

格劳孔： 我们是该相信的。

苏格拉底： 那么，我们是不是还要按神的旨意，请教一下阿波罗，怎样安排这些死去的名门贵族的陵墓？应该赐予他们怎样的荣誉？

格劳孔： 除此之外，还有其他的吗？

苏格拉底： 我们还要布置好他们的陵墓，而且还要后代们崇敬他们，适当的时候组织后人去祭扫。这样的待遇不能只给那些战斗英雄，也要给我们周围那些工作成绩卓越的人，不论他们是自然死亡，还是别的什么原因死亡。你说对吗？

格劳孔： 很对。

苏格拉底： 现在再说一下我们的士兵该如何对待敌人。

格劳孔： 你要说哪些方面呢？

苏格拉底： 就先从奴隶制说起吧。你认为希腊人征服别的希腊城邦，让同一种族的人成为奴隶，是否为一种正义呢？反之，希腊人为阻止自己落入其他城邦手中，使民族兴旺，让希腊人和希腊人团结起来，互不伤害，这是否合乎正义呢？

格劳孔： 希腊人还是团结起来好。

苏格拉底： 这就是说，希腊人不做希腊人的奴隶，同时将这种思想传递给其他希腊人，成为共同的法则。

格劳孔： 当然，这样希腊人就会团结在一起，齐心对抗外族的入侵，而不是同胞之间相互争斗。

苏格拉底： 在战场上取得胜利的人，是否应该从敌人的尸体上掠夺财物？搜刮财物有时候被看作是一件必不可少的事情，然而这却给那些贪生怕死的人提供了不去追赶活着的敌人的借口。这种情况在许多军队中都发生过。

格劳孔： 的确是有这样的事。

苏格拉底： 你不觉得这种掠夺尸体的行为是一种龌龊贪婪的行为吗？真正的敌人已经丢下武器逃跑，却将尸体当作敌人，这是小人的卑鄙行为，也可以说他们像无能的狗，只知道对着石头狂叫，却不去咬扔石头的人。

格劳孔： 是的，他们与无能的狗很相似。

苏格拉底： 所以，我们一定要在法律中规定，不能破坏敌人的尸体，并且要将他们掩埋。

格劳孔： 对，是要这样做的。

苏格拉底： 还有，我们不能将从敌人那里缴获的武器送到神庙，当作一种祭礼，尤其是从希腊人手中缴获的武器。这是为了维护与其他希腊人的友好关系。我很担心他们会将同种族人的武器当作战利品去祭神，这是对神的亵渎。除非是神指示我们这样做的。

格劳孔： 你的担心是很有道理的。

苏格拉底： 在掠夺敌方希腊人的土地和焚烧敌方希腊人的房屋问题上，你觉得士兵们该如何去做？

格劳孔： 这方面我倒想听听你的意见。

苏格拉底： 我认为这两种行为都应该被禁止，他们只能将当年的粮食运走。你知道我为什么这么说吗？

格劳孔： 我很想听听你的说法。

苏格拉底： 一个国家除了要应对战争外，还要注意国内是否会发生内讧。"战争"与"内讧"是两件不同的事情：前者是外部的，敌我之间的；后者是内部的，自己人之间的。

格劳孔： 你说得很对。

苏格拉底： 那么，如果我说希腊人与希腊人之间的事划为民族内部的事情,将希腊人与蛮族之间的关系划为外部的、敌我的,那么,希腊人是不是应该团结起来,一起对抗外族人的入侵?你觉得我这样说对吗?

格劳孔: 对。

苏格拉底: 所以,当希腊人与外族人发生矛盾时,因两者在本质上是敌人,那么我们就会将他们之间的冲突称为"战争"。如果希腊人同希腊人发生矛盾,因他们本质上是朋友,只是相互之间不和,所以这种冲突称为"内讧"。

格劳孔: 我同意你的观点。

苏格拉底: 现在我们探讨一下"内讧"问题。内讧一旦发生,一个国家一分为二,双方互相蹂躏、掠夺。这种荒谬的行为,使双方都不能称得上是真正的爱国者,否则,他们也不能这样残酷地伤害为自己提供衣食的祖国。不过,如果胜利的一方仅限于掠夺对方收获的庄稼,不以战争为目的,那么他们之间还有和好的可能。也就是说,如果双方的行为适度,发生冲突是可以理解的。

格劳孔: 是的,这样的冲突比较文明一些。

苏格拉底: 好,那请问你创建的城邦是一个希腊城邦吗?

格劳孔: 当然是。

苏格拉底: 城邦里的公民都是善良而又有教养的文明君子吗?

格劳孔: 应该是的。

苏格拉底: 那么,他们是不是应该热爱同种族的希腊人,热爱希腊的河山，热爱希腊人共同的宗教信仰？

格劳孔： 是要热爱的。

苏格拉底： 我们已经说将同种族希腊人之间的冲突或矛盾称为"内讧"，而不能称之为"战争"。

格劳孔： 是的。

苏格拉底： 同种族之间的冲突总有一日会言归于好，是吗？

格劳孔： 是的。

苏格拉底： 这种冲突绝不是像敌人那样奴役或消灭对方，人们的目的仅是善意地告诫对方，他们是教导者，而不是敌人。

格劳孔： 完全正确。

苏格拉底： 他们既然都是希腊人，就不会去蹂躏希腊的土地，焚毁希腊的房屋，也不会将城邦中的男人、女人、孩子看作敌人。这是因为他们知道，犯下战争之罪的只是一小部分人，他们中的大多数人相互之间还是朋友。之所以作为无辜者进行战争，只是为了施加压力，目标达到了，冲突就结束了，是不是？

格劳孔： 是的，我们现在的公民是要这样对待自己的希腊敌人，而对野蛮人则要像过去的希腊人对希腊人那样。

苏格拉底： 因此，我们是不是应该给守卫者制定这样的法律，即禁止蹂躏希腊人的土地，禁止焚烧希腊人的房屋。

格劳孔： 是的，这说明我们前面讨论过的问题达成的共识是正确的。

第七章　寡头政体与民主政体

◆ →辩论者：苏格拉底/阿德曼托斯 ◆

苏格拉底： 阿德曼托斯先生，你相信"飞得好的雄蜂没有刺"这句俗语吗？人世间被称为"能飞的雄蜂"的人就有所不同。他们中有的没有刺，有的却长了一身毒刺。没有长刺的人，老了很有可能会成为乞丐，而那些长毒刺的人则有可能成为干坏事的专家。

阿德曼托斯： 是这样的。

苏格拉底： 那么，如果将人群比作蜂群的话，无论在哪个国家，有乞丐的地方也能找到流氓、小偷、盗贼等各种各样的罪犯。

阿德曼托斯： 是的。

苏格拉底： 在寡头政体国家里你见过乞丐吗？

阿德曼托斯： 统治阶级之外的人，几乎都是乞丐。

苏格拉底： 这就是说，在这样的国家里，也有大量带刺的雄蜂，即罪犯，被统治者严密地控制着，对吗？

阿德曼托斯： 对的。

苏格拉底： 你觉得出现这种公民的原因是什么？是因为他们缺少良好的教育、训练吗？如果答案是肯定的，这是不是因为没有良好的政治制度？

阿德曼托斯： 是的，我同意你的说法。

苏格拉底： 寡头政体下的国家就是这样的，我们前面说的那些弊端，可以说是寡头政体国家的通病。

阿德曼托斯： 是的，你已经解释过这个问题了。

苏格拉底： 那我们再接着探讨一下与之相对应的个人问题吧，谈一下他们的产生及他们的性格特征。

阿德曼托斯： 好。

苏格拉底： 一个人从追求荣誉到追求金钱的转变，是不是总要经历一些过程？

阿德曼托斯： 是的，那这是怎样的过程呢？

苏格拉底： 通常情况下，统治者的儿子，在成长早期的行为都是效仿他的父亲，他会沿着父亲的足迹走，但突然有一天父亲的人生出现了问题，如一个身份是将军或权力大臣的父亲突然被人告发，受法庭的审判，所有的财产都被没收，那么这就会影响到这个人，让他顿感失去方向。

阿德曼托斯： 这种事情发生的可能性很大。

苏格拉底： 当这个儿子经历这样的悲惨事情，失去了财富和靠山，野心与激情就消失了，不仅如此，还会变得胆小怕事。他灵魂中的那种荣誉心会随之发生动摇，会因耻于贫穷而进入商业圈挣钱。他还会专心工作、省吃俭用，一心聚敛财富。你承认这种人在落魄的时候会把荣誉的欲望转化为爱财，将金钱视为一切的核心，以此来填充荣誉感的空缺吗？

阿德曼托斯： 我认为是的，你分析得很对。

苏格拉底： 当这种人的理想与精神原则发生根本转变，特别是出现从政治到金钱的转变之后，他们就被迫只安守本分的底线了，因为他们一心只算计和研究如何挣更多的钱，而且也只崇尚手里的财富。除此之外，他们不会有任何野心。

阿德曼托斯： 在人所有的改变中，贪婪是蔓延得最迅速的了，你说对吗？

苏格拉底： 对，请问这种年轻人是不是寡头政体的典型代表？

阿德曼托斯： 是的，这种年轻人无疑是寡头政体国家中的一种缩影。

苏格拉底： 那么，我们一起看看他们之间有没有相似的特征。

阿德曼托斯： 好的，你继续说下去吧。

苏格拉底： 我首先说出他们的第一个相似特征：他们的价值观是崇拜金钱。

阿德曼托斯： 是的。

苏格拉底： 第二个相似性是：他们都勤劳、节俭，只满足生活上的基本需要，不随便花销，将平时的欲望看作是有害的，对其加以抑制。

阿德曼托斯： 对。

苏格拉底：他们最初是小气，然后慢慢积累金钱，发展成为一个贪得无厌的人。就他们的这种性格而言，不正与寡头政体一样吗？

阿德曼托斯：说得很对。金钱对寡头政体和唯利是图的人来说都很重要。

苏格拉底：你认为这样的人会因此而变得有教养吗？

阿德曼托斯：不会，他们未必有教养。有教养的人是受到了全方位教养的人。如果一个人有教养，就不会让一个瞎眼的"神"充当唱诗班的主角，或将他尊为最尊敬的神了。

苏格拉底：你说得很对，但请你再想想，他们没有教养可言，是不是会像乞丐、流氓一样，心中充满雄蜂式欲念；而他们有极强的自我控制和自我监管能力，因此那些欲念还未抬头就被压制下去了，是不是这样？

阿德曼托斯：是这样的。

苏格拉底：既然他们的恶念没有付诸行动，那么该怎样去寻找他们的恶德呢？

阿德曼托斯：这个问题需要你的解释。

苏格拉底：那我就从命了。我觉得应该从他们为非作歹而不受惩罚中去寻找，如可以从他们监护孤儿的事情上找到。

阿德曼托斯：请继续说下去。

苏格拉底：如果某种交易能给他们带来荣誉，那么他们就会很诚恳地签订各种契约，以此来博取好的名声。这是他们心中的善在起作用。也就是说，他们为了挣更多的钱，不得不将心中的恶念压制下去，并使用委婉劝导的方式取得对方的信任，这样他们就可以实现敛财了。

阿德曼托斯： 完全是这样的。

苏格拉底： 阿德曼托斯，如果你有机会与他们相处，你就会发现，他们中的大多数人一旦找到机会，就会花别人的钱，暴露出贪婪的本性。

阿德曼托斯： 对，他们的真实面目是这样的。

苏格拉底： 我们从他们矛盾的内心可以看出，他们其实不是真实生活着的人，而是有双重性格的人。他们好的一面用一句话就可以概括：善念总能战胜恶念。

阿德曼托斯： 是的。

苏格拉底： 虽然这种人能在公共场合得到人们的尊敬，但是由于他们的内心没有真正的至善，因此，在他们身上找不到真情。

阿德曼托斯： 我也这样认为。

苏格拉底： 再谈论一下节俭方面。他们将钱看得太重，在政体竞争中不会轻易地拿出自己的钱财，所以，他们成为竞争者中的弱者，在竞争中很难取得胜利和荣誉。他们这样做是因为担心在竞争中花钱会滋生将来奢侈的观念。他们是寡头政体中政治竞争的失败者，但却保住了自己的财产。

阿德曼托斯： 你说得太对了。

苏格拉底： 那么，我们是不是就可以说那些吝啬、只想赚钱的人，与寡头政体很相似呢？

阿德曼托斯： 确实比较相似。

苏格拉底： 接下来，我们先讨论一下民主政体的起源和本性，然后再讨论与之相类似的个人品格，最后在比较中做出判断。

阿德曼托斯： 这个讨论方法很好。

苏格拉底： 请问，寡头政体转变为民主政体要经历一个怎样的过程？一个国家是不是越富越好？

阿德曼托斯： 这还是需要你的回答。

苏格拉底： 那好。我认为统治者既然是用金钱换来政治地位，那么他们就不会用法律禁止年轻人败家，而是借钱给他们挥霍，要他们用财产来做抵押，或者收购他们的产业，以便让自己越来越富有，越来越有影响力。

阿德曼托斯： 是的。

苏格拉底： 两个相互冲突的方面是不可能同时存在的，所以追求财富和生活节俭必须要去其一。这样的道理同样适用于一个国家的人民。

阿德曼托斯： 毫无疑问。

苏格拉底： 寡头政体的国家中，许多人崇拜金钱，但却缺乏自制，穷奢极欲，这使得一些贵族世家的子弟很快就沦落为贫民。

阿德曼托斯： 是的，这样的人很多。

苏格拉底： 成为贫民后，他们没有离开国家，而是负债累累，甚至会成为草寇。这时，他们就像是全副武装的雄蜂，与让他们沦落的富贵势力势不两立，心中充满了仇恨和嫉妒，渴望和准备着起义革命。

阿德曼托斯： 是的。

苏格拉底： 但那些富贵之人却不重视这些人的心态，继续聚敛金钱，对那些不存戒心的人放高利贷，以谋取利益。他们这样做就像是在繁殖雄蜂式的人物。

阿德曼托斯： 结果和你说的一样。

苏格拉底： 即使这样，他们仍没有收敛自己行为的意思，而且除了颁布严禁财产自由处置的法令之外，还颁布对他们有利的法令。

阿德曼托斯： 你说的是什么法令？

苏格拉底： 强迫公民留意道德的法令。如果我们能制定一条法令，让所有的人都可以自愿签订和履行契约，并由订约人自负损失，那么那些聚敛钱财的人很可能就会受到遏制。

阿德曼托斯： 是的，至少行为会减弱许多。

苏格拉底： 目前，我们的执政者实行的是纯粹的寡头政体，他们置人民于水火之中，自己养尊处优，并让他们的下一代效仿。在权力的庇护下，他们的后代会变得娇惯放纵，整天无所事事，做什么也禁不起考验，更不能抵御痛苦的冲击。这样政体就很容易垮掉。

阿德曼托斯： 这样的政体终将垮掉。

苏格拉底： 他们整天只知道聚敛金钱，与穷人一样，根本顾不上道德与修养。

阿德曼托斯： 是的。

苏格拉底： 现实的情况是这样。统治者和穷人们一旦碰上面，或一起出行，或一起参加集会，或一起进入庙宇，或一起在部队服役、打仗，我们就会发现，穷人们不会被富人瞧不起了。白胖的富人会躲在黑瘦的穷人身后，像孙子一般，往日的气焰全然不见。每当这时，穷人们就会私下议论：穷人因为胆小，让富翁拥有了财产，但当他们一起遇到麻烦时，富人们则胆小得像一个个大草包。

阿德曼托斯： 我很赞成你的说法。

苏格拉底： 如果一个人身体虚弱，那么只要有一点小问题就会大病一场，甚至在没有瘟疫的时候也会病倒。一个国家的体制也是这样，只要有机会，不同的党派就会引进自己的盟友，有的引进寡头国家，有的引进民主国家，一旦外人插手国家的政体，党争、内乱就相继产生了，这个国家就病入膏肓了，你说是这样吗？

阿德曼托斯： 是的。

苏格拉底： 如果穷人在党争中取得了胜利，就会把之前政体的骨干分子处死或流放国外，接着让以前被压迫的穷人来涉猎政治。大家都有相等的权利做官，官职等级可以通过抽签的形式来决定，这样，一个国家的民主制度就产生了。

阿德曼托斯： 对，你说的是国家民主政体的主体框架。无论是通过和平还是暴力的手段建立起一个新的政体，最后只有一个相同的结果，那就是反对党被迫让位，穷人当家。

苏格拉底： 在这样的制度下人民将会过上怎样的生活？这种制度的性质是什么？通常政府的性质与公民的性质是一致的。

阿德曼托斯： 苏格拉底，你接着说下去吧。

苏格拉底： 人民自由了，不论是言论还是行为，他们可以随心所欲地做一些事情。这样的日子是不是会过得很好？

阿德曼托斯： 应该是的。

苏格拉底： 既然人们自由了，是不是可以按照自己的方式和计划去安排自己想过的生活。

阿德曼托斯： 这是当然。

苏格拉底： 因此，国家中就会出现各种各样的性格不同的人物。

阿德曼托斯： 是的。

苏格拉底： 所以，在表面上看上去比较公正的国家里，人们的生活色彩缤纷，一般的公民或许会因为这样而认为这样的生活是最美的。这就像女人和孩子们见到色彩鲜艳的东西就会认为看见了美一样。

阿德曼托斯： 的确如此。

苏格拉底： 阿德曼托斯，那样政府就不需要官职了。

阿德曼托斯： 为什么？

苏格拉底： 因为自由成了国家的代称，既然这样，它就包括了一切制度。我们刚才说过，凡是想要缔造一个国家的人，必须要到一个民主政体里选择自己喜欢的东西作为国家的模式，并且要确定自己喜欢的制度。

阿德曼托斯： 我认为他应该有自己理想中的政体模式。

苏格拉底： 即使你有在这个国家里掌权的资格，你可以放弃这个权利，因为那只是权利的一个空架子。如果你不愿意接受别人的指挥，那你就我行我素，做自己想做的，没有人会勉强你去做什么。如果有法令阻止你得到某个你想要的职位，你可以不进行任何的争斗，时机一到，愿望就自然达成了。这种享受方式，岂不是很美妙？

阿德曼托斯： 如此说来，应该是这样的。

苏格拉底： 那些被判了刑的罪犯可以被人原谅，甚至还有人觉得可爱。我想你肯定知道，在这样的国家里，被判了死罪或被流放到国外的人，就好像是去旅行一样，在别的地方没有人将他们视为罪犯。

阿德曼托斯： 我知道有这样的事情。

苏格拉底： 还有，这种民主制度本着宽容的精神，不需要我们管理那些琐事。这种制度对我们缔造的理想国所宣布的神圣原则全然不顾。除了极少数天赋极高的人，如果不是从小就在一个良好的环境中游戏、学习，就不会成为一个善良的人。而民主制度却将许多对国家有益的东西踩在脚下，完全不要求人们崇尚和学习知识。貌似只要一个人天天喊着"与民为友"，就可以得到他想拥有的一切拥戴。

阿德曼托斯： 看来，这种制度还真能体现出高贵的精神来。

苏格拉底： 我们前面探讨的民主政体的表现形式和特点是民主制度的根本特征。表面看来，它是迷人的，但其中也充满了变化和混乱。所以，可以说这是无政府状态下的花哨管理，它不能区分人的平等与不平等，也不管事实上有没有平等或不平等的存在。

阿德曼托斯： 你这些话很值得人们去好好推敲。

中卷

正义与非正义之辩

第一章　初探正义的定义

◆ →辩论者：苏格拉底/克法洛斯/玻勒马霍斯 ◆

苏格拉底： 克法洛斯，讲到正义，那么你认为正义究竟是什么呢？说实话、欠债还钱等都属于正义的范畴，那你有没有觉得这些做法有的时候是正义，有的时候不是正义？比如，一个朋友在头脑清楚时，将他的武器交给你保管，但后来他的神志出现了问题，发疯了，他要将武器拿走，所有人都说不能还给他。此时如果你将武器还给他是不正义的，那么你将事情的始末都告诉他，是不是就更不正义了呢？

克法洛斯： 是的，你说得对。

苏格拉底： 由此看来，说实话、欠债还钱等不能算是"正义"的确切定义。

这时，玻勒马霍斯表示，如果我们还赞同西蒙尼德的观点的话，这就是正义的确切定义。

克法洛斯： 好，这个话题就由你们俩来讨论吧，我要去献祭上供了。

苏格拉底： 那么，玻勒马霍斯就是你的接班人了，对吧？

克法洛斯： 这是当然。

他说着就往祭祀场走去了。

苏格拉底： 玻勒马霍斯，你是这场辩论的接班人了，你继续说下去吧。根据你对西蒙尼德观点的理解，你认为正义的确切定义是什么呢？

玻勒马霍斯： 我同意他的观点，"欠债还债就是正义"。

苏格拉底： 西蒙尼德这样拥有大智慧的人物，是不能被随便怀疑的，但我却不理解他的意思。就拿刚才我举的那个例子来说，原主神志不清，我们与他有着一定的债务关系，在这样的情况下，我们要把帮他代管的任何东西都还给他，是吗？

玻勒马霍斯： 是的。

苏格拉底： 那么，你认为不能将武器交给一个神志不清的人的说法正确吗？

玻勒马霍斯： 我认为正确。

苏格拉底： 因此，西蒙尼德所说的"欠债还债就是正义"，并没有将我说的这种情况包括进去。

玻勒马霍斯： 我看是这样的，他倡导每个人都应该为朋友着想，而不是伤害朋友。

苏格拉底： 这么说来，如果债务双方是朋友，当知道将钱还给原主会伤害他时，这就不只是欠债还钱的事情了。你觉得这符合西蒙尼德的意思吗？

玻勒马霍斯： 符合。

苏格拉底： 我们欠敌人的债要不要还呢？

玻勒马霍斯： 当然要还！但我欠敌人的无非是恶，其他的就没有什么了。

苏格拉底： 像别的诗人一样，西蒙尼德对正义的解释含糊不清。他其实是说，正义就是每个人都应该懂得如何报答别人的恩惠，他将这个视为"还债"。

玻勒马霍斯： 你觉得他的观点对吗？

苏格拉底： 如果我们问西蒙尼德："什么是医术？它给了人什么东西？"你认为他会怎样回答呢？

玻勒马霍斯： 他当然会说："医术就是把药品、食物、饮料给予人的身体。"

苏格拉底： 那么烹调术是什么？它给人什么？

玻勒马霍斯： 烹调术是把美味给予食物。

苏格拉底： 那正义应该给予人什么呢？

玻勒马霍斯： 苏格拉底，如果按照你举的例子推断，正义就是"把善给予友人，把恶给予敌人"。

苏格拉底： 这是西蒙尼德的观点吗？

玻勒马霍斯： 我认为是的。

苏格拉底： 一个人在生病的时候，谁能将善给予他的朋友，将恶给予他的敌人？

玻勒马霍斯： 医生。

苏格拉底： 同样的问题放在航海途中遇险的时候呢？

玻勒马霍斯： 舵手。

苏格拉底： 那么，你认为一个正义的人会因为什么而去利友害敌呢？

玻勒马霍斯： 战场上为了战胜敌人而结成的盟友。

苏格拉底： 很好！但是玻勒马霍斯啊！当人们不生病的时候，是不需要医生的。

玻勒马霍斯： 对。

苏格拉底： 当人们不航海时，也是不需要舵手的。

玻勒马霍斯： 是的。

苏格拉底： 那么，没有战争的时候，正义的人岂不是也毫无用处，"正义"也就失去了实际意义？

玻勒马霍斯： 我认为不能这样一概而论。

苏格拉底： 也就是说，你认为正义在和平时期也是有用处的，对吗？

玻勒马霍斯： 对的。

苏格拉底： 这就像是种田能收获庄稼，做鞋能有鞋子穿，是吗？

玻勒马霍斯： 是的。

苏格拉底： 那么依你看，平时正义能获得什么方面的满足和需要呢？

玻勒马霍斯： 正义在订立契约时起作用。

苏格拉底： 你所说的订立契约，是不是确立合伙关系？

玻勒马霍斯： 当然是。

苏格拉底： 下棋的时候，你选择正义者还是下棋能手做伙伴呢？

玻勒马霍斯： 下棋能手。

苏格拉底： 砌砖盖瓦的时候，你选择正义者还是瓦匠当伙伴？

玻勒马霍斯： 瓦匠。

苏格拉底： 同样的道理，奏乐的时候，琴师是更好的伙伴，而在什么合作关系上，正义者是比琴师更好的伙伴呢？

玻勒马霍斯： 我认为是在金钱的利益分配上。

苏格拉底： 玻勒马霍斯，在金钱上，正义者算不上是最好的伙伴。比如，马市交易上谁都不会请一个正义者来出主意，而是要请一个马贩子，你说对吗？

玻勒马霍斯： 是这样的。

苏格拉底： 船舶的买卖上，是不是选择造船匠或舵手作为合作伙伴更好？

玻勒马霍斯： 恐怕是的。

苏格拉底： 那什么时候正义者才算是一个比较好的伙伴呢？

玻勒马霍斯： 当你需要妥善地保管一笔钱的时候。

苏格拉底： 你的意思是，将不用的钱储存起来的时候吗？

玻勒马霍斯： 是的。

苏格拉底： 也就是说，钱派不上用场的时候，正义才有用，是吗？

玻勒马霍斯： 是这样的。

苏格拉底： 当不使用修枝刀的时候，正义于公于私都是有用的；当使用修枝刀来修剪树枝时，花匠的技术就变得更加有用了。

玻勒马霍斯： 是的。

苏格拉底： 同样，一把琴和一面盾在保存起来的时候，正义是有用的；而当用它们的时候，琴师和军人的技术才是有用的。

玻勒马霍斯： 当然是这样的情况。

苏格拉底： 那么，是不是所有的事情都这样，正义只适用于无用的东西，不适用于有用的东西？

玻勒马霍斯： 好像应该是这样。

苏格拉底： 玻勒马霍斯啊！如果是这样，正义也起不到什么作用了。我们还是换个角度来讨论一下这个问题吧。拳击比赛和任何其他打斗中，是不是最善于攻击的人也最善于防守？

玻勒马霍斯： 当然。

苏格拉底： 善于预防疾病的人，是不是也善于制造疾病？

玻勒马霍斯： 应该是这样的。

苏格拉底： 善于防守阵地的士兵，是不是也善于偷袭敌人，不管敌人的防守布置得多么巧妙？

玻勒马霍斯： 当然。

苏格拉底： 一个善于看守东西的人，是不是也会成为一个高明的小偷？

玻勒马霍斯： 好像是这样的。

苏格拉底： 那么，一个正义的人善于管钱，是不是也善于偷钱？

玻勒马霍斯： 按照以上的推断，是这样的。

苏格拉底： 怎么能有这样的逻辑？一个正义的人最终竟被推断成一个小偷！这种论证你应该是从荷马那儿学来的。荷马对奥德修斯的外公奥托吕科斯有着很高的评价，他说奥托吕科斯在偷窃、背信弃义、作恶等方面是举世无双的。因此，你、荷马、西蒙尼德都赞成正义是一种类似于偷窃的东西，只不过这种偷窃是为了报答朋友、惩罚敌人才做的，是这样的吗？

玻勒马霍斯： 不是，天哪！苏格拉底，你将我弄糊涂了，我都不知道刚才说了些什么，总之我还是赞成"帮助朋友，伤害敌人是正义的"。

苏格拉底： 你所说的朋友和敌人指的是怎样的人？是那些真正的好人，还是那些看上去坏的人？抑或是那些看上去不坏，而实际上是真的坏人呢？

玻勒马霍斯： 不用说，当然每一个人都爱那些他认为好的人，而恨那些他认为坏的人。

苏格拉底： 但是，许多人分不清善恶，将坏人当成好人，好人当成坏人。

玻勒马霍斯： 是有这种情况。

苏格拉底： 这样岂不是会有人把好人当成敌人，将坏人当成朋友？

玻勒马霍斯： 是的，有这种人。

苏格拉底： 那他们帮助恶人伤害好人岂不是也成了正义？

玻勒马霍斯： 好像是这样的。

苏格拉底： 那么，伤害那些没有干坏事的人是不是也成了正义？

玻勒马霍斯： 不！苏格拉底，我是不会这样想的，这样想很不道德。

苏格拉底： 那么，帮助正义者，伤害不正义者，算是正义吧？

玻勒马霍斯： 这样说比刚才要好听多了。

苏格拉底： 那么，我就可以做出以下推断：那些不懂得真正的人性的人，把坏人当成朋友，肯定会伤害他真正的朋友。同样，他将一些好人当成敌人，定会帮助真正的敌人。这样我们是不是就得出了与西蒙尼德完全相反的观点？

玻勒马霍斯： 是的！那么我们要重新认识"朋友"和"敌人"这两个概念了。我们之前的理解是错误的。

苏格拉底： 我们错在哪里呢？

玻勒马霍斯：好像错在将那些看上去是好人和猜想为好人的人当成了"朋友"。

苏格拉底：那你认为我们该如何来重新认识"朋友"的含义呢？

玻勒马霍斯：我们将真正可靠的人视为朋友，而不是那些外表看起来可靠的人。本质不好的人，仅能看成表面的朋友，不能当成真正的朋友。关于敌人，也是如此。

苏格拉底：这就是说，你认为真正善良的人是我们的朋友，而邪恶的人是敌人。

玻勒马霍斯：是的。

苏格拉底：我们刚才说的助友报敌还不确切，应该进一步说，当我们的朋友真是好人时，要帮助他而当我们的敌人真是坏人时，就要受到我们的惩罚，这才算是正义。

玻勒马霍斯：这样的定义比较完善了。

苏格拉底：先不要太高兴，我还有一个问题，你说一个正义的人能伤害别人吗？

玻勒马霍斯：当然可以，但是伤害的应该是邪恶的敌人。

苏格拉底：我们打个比方吧，假如一匹马受伤了，是变好了还是变坏了？

玻勒马霍斯：当然是变坏了。

苏格拉底：也就是说，这是马之所以为马变坏了，而不是狗之所以为狗变坏了？

玻勒马霍斯：是的。

苏格拉底：同样，狗受伤之后，是狗之所以为狗变坏了，而不是马之所以为马变坏了，对不对？

玻勒马霍斯：对。

苏格拉底：那么，我们是不是可以这样认为：一个人受到伤害之后，他的德行就会变坏？

玻勒马霍斯：可以这么认为。

苏格拉底：而人的德行不正是代表正义吗？

玻勒马霍斯：是的。

苏格拉底：那么，一个人受伤害后，是不是就失去正义了？

玻勒马霍斯：是的。

苏格拉底：一个音乐家能不能利用他的音乐技能让他人不喜欢音乐？

玻勒马霍斯：不可能。

苏格拉底：骑手能用他的骑术让他人变得不会骑马吗？

玻勒马霍斯：不能。

苏格拉底：正义的人能让人变得不正义吗？就是说能够用他的德行让人变坏吗？

玻勒马霍斯：这更不可能。

苏格拉底：也就是说，冷不能产生热，干旱不能产生潮湿，善良的人不会伤害其他人，是吗？

玻勒马霍斯：是的。

苏格拉底： 所以说，伤害朋友和他人的人都不是正义的人愿意去做的，只有邪恶的人才会这样做，是吗？

玻勒马霍斯： 苏格拉底，这样说的理由很充分。

苏格拉底： 如果有人说"欠债还债就是正义"，那么，正义的人欠朋友的债就是善，欠敌人的债就是邪恶。我会认为这样的说法不正确，因为我们在前面已经得出了"伤害人就是非正义"的观点。

玻勒马霍斯： 你说得对。

苏格拉底： 如果有人认为这种说法是西蒙尼德，或毕阿斯，或皮塔科斯，或其他的圣贤定下的主张，那我们是不是要对他们发起攻击了？

玻勒马霍斯： 是的，我同意你的说法。

苏格拉底： 你知道"正义就是助友害敌"的观点是谁先提出来的吗？

玻勒马霍斯： 不知道，是谁呢？

苏格拉底： 应该是佩里安得罗，或佩狄卡，或泽尔泽斯，或忒拜人伊斯梅尼阿，或其他有钱有势者的主张。

玻勒马霍斯： 可能是吧。

苏格拉底： 那么，这种正义的定义就不能成立了，但还有谁能给正义下更合适的定义呢？

第二章　驳论诡辩者的正义观

◆ →辩论者：苏格拉底/色拉叙马霍斯/格劳孔/玻勒马霍斯/克里托芬 ◆

苏格拉底：当我和玻勒马霍斯谈论时，色拉叙马霍斯一直在旁边，且有几次想插话进来，但都被那些急于将问题听个明白的人拦住了。这时，讨论刚一停顿，他就再也忍不住了，一个箭步冲上来，如野兽一般，着实将我们吓了一跳。

色拉叙马霍斯：（大声吼道）真是活见鬼了，苏格拉底、玻勒马霍斯，你们这样互相吹捧是在做什么？一个人只顾着问，另一个人只知道回答"是"。如果真想知道正义是什么，就不该只是提问题。不要再扯什么责任、利益、钱财、善恶等无聊的废话了，还是就"正义"本身直截了当地讲清楚正义到底指的是什么吧。

苏格拉底：听着这番怒吼，再看着色拉叙马霍斯声色俱厉的表情，我真的被吓到了。如果不是我之前就知道他在这里，只听到他的声音，我一定会被吓傻。幸亏我先看到了，才能战战兢兢地勉强回答他。

苏格拉底： 亲爱的色拉叙马霍斯啊！你这样咄咄逼人可是会让我们下不来台啊！如果我与玻勒马霍斯之前的讨论出了差错，我肯定我们并不是故意的。我们讨论的目的无非就是想得到问题的答案，而问题的答案就好比是金子，我们绝不会只顾着金子而失去找金子的机会。正义比金子的价值更高，我们怎么会只顾着相互吹捧而错过寻找的机会呢？我们一直都在努力地寻找着，但是力不从心。像你们这样聪明的人应该同情、理解和帮助我们，而不是斥责我们啊！

色拉叙马霍斯： 我可以找赫拉克勒斯为我作证，上面的一番话是有名的苏格拉底式的反语法。苏格拉底是一个很难缠的对手。他擅长的是，别人问他问题时，他总是使用讥讽或其他藏拙的办法回避正面回答，甚至还将问题再次推给对方。

苏格拉底： 色拉叙马霍斯，你是个聪明人。如果你问别人什么样的组合可以得出十二这个数字，但又不允许对方回答六加六、二乘六、三乘四、六乘二，或者四乘三，因为你不想听这样无聊的废话。这样，对方就不能回答你的问题。但是，如果他问你："我不明白你这样问的目的是什么。假如你不让我回答的答案中有一项是正确的，那么我是不是要放弃那个正确答案，捏造一个不正确的答案？你到底在打什么主意？"你会如何回答他呢？

色拉叙马霍斯： 这与我们谈的是一回事吗？

苏格拉底： 它们是相似的，即使不相似，被问人认为的正确答案是提问人禁止他回答的，那他岂不是认为提问人堵住了他的嘴？

色拉叙马霍斯： 那一定要在我所禁止的数字中挑出一个答案吗？

苏格拉底： 如果仔细斟酌后发现另有答案，我即使冒着危险，也不会放弃这个答案的。

色拉叙马霍斯： 那么，我就接着你所说的正义的话题继续探讨下去吧。如果我能给出一个比你高明的关于正义的定义，那你说你要接受什么样的惩罚？

苏格拉底： 我接受无知之罚的惩罚。无知之人只能向有智慧的人学习。

色拉叙马霍斯： 你这种态度还行，不过除了这样，你还要接受一定的罚款。

苏格拉底： 如果我有钱，当然会接受惩罚。

旁边的格劳孔插话了。

格劳孔： 苏格拉底，不要担心罚款。色拉叙马霍斯，你不用担心他没钱。即使他输了，我们也会为苏格拉底凑钱的。

色拉叙马霍斯： 瞧！苏格拉底又在玩这一套了，他自己不回答问题，让别人来回答，甚至还利用别人将对方批判一通。

苏格拉底： 色拉叙马霍斯，我的朋友啊！一个人在迫于无奈的情况下，怎么能回答呢？有两种可能的情况会发生：一种是他不知道，且承认自己不知道；另一种是他有一知半解的想法，但他不敢在权威者面前发话。我们俩现在的情况是，你宣称自己知道，并且要把自己知道的告诉大家。所以，我很希望能得到你的指教，对你感激不尽啊。

苏格拉底： 听到我这么说，格劳孔和其他在场的人也都请色拉叙马霍斯给大家说说自己的见解。而他的本意只是要表现一下自己有多么高明，我的这番话让他不知所措了。在大家的一致要求下，他只好同意，但还是不依不饶。

色拉叙马霍斯： 苏格拉底的精明就在这里，他从来不肯教别人，只会到处跟人学，学会了之后，连一个"谢"字都不说。

苏格拉底： 我承认我是很愿意请教别人的，但说我不感谢别人却是冤枉我了。我比较贫穷，不能拿出实物来作为感谢，只能在口头上赞扬对方，而且我很乐意称赞一个答复我很好的人。我现在正等着你的回答呢！我想你一定会回答得很好。

色拉叙马霍斯： 那好的，我认为正义就是"强者的利益"。我回答完了，你怎么不称赞我？这当然是你不想做的！

苏格拉底： 要称赞你，我先得明白你的意思。我现在还不太清楚你的意思，你说的强者指的是谁？难道你的意思是浦吕达马斯这类运动员，因为每天吃牛肉，体质比我们的要好得多，所以他们是正义的？而我们这些身体较弱的人，虽然吃牛肉也有好处，但是是不正义的？

色拉叙马霍斯： 苏格拉底，你这是在断章取义，你总是这样混淆视听，然后按照自己的意图做出所谓的辩论。

苏格拉底： 我绝没有这种意思，我只是按照我的能力来理解你的论断，所以我还是希望能将你的意思交代清楚。

色拉叙马霍斯： 你肯定知道现在各个国家分为独裁统治、民主政治和贵族政治三种。

苏格拉底： 是的，我知道。

色拉叙马霍斯： 政府是国家的统治机器。

苏格拉底： 是的，我也知道。

色拉叙马霍斯： 那你也肯定知道，不同政治体制的政府都会靠法律来治理国家，如独裁统治的国家制定独裁的法律，民主体制国家制定民主的法律，贵族式政治制定贵族式法律。如果百姓遵守这些法律，就被视为正义的，否则就是不正义的。我在这里所说的正义指的是政府的利益。政府是国家的最高权力机构，而最高权力机构就指的是强者。所以，有关正义唯一合理的结论就是：任何地方的正义都是强者的利益。

苏格拉底： 色拉叙马霍斯，我明白你的意思了。但让我不解的是，你用的"利益"一词是你不允许我用的，当然你的定义里还有"强者的"作为修饰。

色拉叙马霍斯： 这个修饰是微不足道的。

苏格拉底： 姑且不说你的修饰重不重要，我们首先需要明白的是，你说得对不对。我赞成你说正义是一种利益的说法，但用于修饰的"强者的"我就不明白了，我还需要进一步理解。

色拉叙马霍斯： 那你就好好理解吧。

苏格拉底： 我当然会这样做的。按你的观点，被统治者服从统治者是正义的？

色拉叙马霍斯： 是的。

苏格拉底： 那么，你认为每个国家的统治者都不会犯错吗？

色拉叙马霍斯： 任何人都不能避免犯错误。

苏格拉底： 所以，统治者如果犯错，是不是就会让一些法律出错？

色拉叙马霍斯： 是的。

苏格拉底： 当统治者不犯错时，他们的立法符合他们的利益；而如果他们犯错，那么法律就对他们不利了，对不对？

色拉叙马霍斯： 对！

苏格拉底： 而刚才你说百姓遵守统治者制定的法律就是正义，是不是？

色拉叙马霍斯： 是的。

苏格拉底： 因此，按你的说法，百姓遵守对强者有利的法律是正义，遵守对强者不利的法律也是正义的了？

色拉叙马霍斯： 你在说什么啊！

苏格拉底： 我只不过是在重复你说过的话而已。我们再重新整理一下，我们都认为统治者在制定法律时有时会犯错误，损害他们自己的利益，但即使这样，百姓也要听从他们的命令，因为这样才算是正义的。

色拉叙马霍斯： 是的。

苏格拉底： 那么按照你所承认的这种方法再继续推论下去，统治者立法的时候会出错，从而损害自己的利益，而你又说过遵守统治者的利益就是正义，因此正义并不是完全为了统治者的利益。富有智慧的色拉叙马霍斯啊！这不是和你原本给正义下的结论正好相反了吗？因为你在要求弱者去做伤害强者的事情。

玻勒马霍斯、克里托芬听到这里，都忍不住要插话了。

玻勒马霍斯： 苏格拉底说得已经再清楚不过了。

克里托芬： 如果玻勒马霍斯愿意，不妨做个证人。

玻勒马霍斯： 我认为并不需要我做证人，因为色拉叙马霍斯已经承认统治者有可能会制定出伤害自己利益的法律，而正义就是统治者让民众去服从法律。

克里托芬： 是的，色拉叙马霍斯刚才的确亲口说过，正义就是百姓应该做统治者要他们所做的事情。

玻勒马霍斯：对，克里托芬，他还说正义就是强者的利益。承认这两条后，他进一步承认强者有时候会让弱者去做损害自己的事情。这样一来，正义既是强者的利益，也可能是对强者的损害。

克里托芬：色拉叙马霍斯定义的正义是，百姓不得不做强者自认为对己有利的事。

玻勒马霍斯：这好像不是他的原话。

苏格拉底：这没什么大碍。如果色拉叙马霍斯现在要这么说，我们也不会不同意的。色拉叙马霍斯，你所定义的正义是不是强者心目中自认为的利益，不管它们对他们是不是真的有益？

色拉叙马霍斯：不，绝对不是这样的，难道你认为我会把一个犯错误的人称为"强者"？

苏格拉底：但你刚才所说的就是这个意思。因为你承认了统治者有时会犯错误，这就包含了这个意思。

色拉叙马霍斯：苏格拉底，你又开始诡辩了。打几个比方来说，医生在误诊时，你会不会因为他看错了病称他为医生？数学家计算数字时犯了错误，你会不会因为他犯了错误而叫他数学家？修辞学家在修订书籍时因主观思想而犯错误，你会不会在这时称他为修辞学家？医生、数学家、修辞学家等拥有一定技术的人确实有犯错的时候，但如果他们名副其实的话，就不会犯错误。他们犯了错误，就不名副其实了，统治者也是这样。一个名副其实的统治者是不应该犯错误的，只有这样他才有资格制定出对自己有利的种种法令,让百姓去服从他。现在,我再重复一下我的观点:正义是强者的利益。

苏格拉底: 很好,色拉叙马霍斯,你觉得我是在诡辩吗?

色拉叙马霍斯: 你确实是这样的。

苏格拉底: 按你的说法,我刚才问你那些问题是在故意为难你了?

色拉叙马霍斯: 我不是这个意思,但你确实善于诡辩。不过你休想蒙混哄骗我,你是不能公开折服我的。

苏格拉底: 天哪!我可不敢这样做。为了避免将来出现误会,请你明确地告诉我,你所说的弱者维护强者的利益中的"强者",是通常所说的强者,还是严格意义上的"强者"?

色拉叙马霍斯: 当然是最严格意义上的。你现在尽情地使用你的诡辩吧,千万不要手软,但你也别想让我对你手软。

苏格拉底: 我可没疯!我怎么敢在色拉叙马霍斯面前班门弄斧,岂不是自讨没趣。

色拉叙马霍斯: 你刚才还在试图诡辩,但事实上你失败了。

苏格拉底: 好了,不要再啰唆了。请你告诉我,按你最严格的定义,医生是挣钱的人,还是治病的人?请注意,我问的是真正的医生。

色拉叙马霍斯: 医生是治病的人。

苏格拉底: 那真正意义上的舵手呢?是水手领袖还是一个普通的水手?

色拉叙马霍斯： 水手领袖。

苏格拉底： 舵手在航海时，被人们称作舵手，但在不航海时，人们同样会叫他舵手而不是水手。这是因为他的职位，与他航海与否没有什么关系，真正有关系的是他有自己的技术，能领导水手们。

色拉叙马霍斯： 我赞成你上面说的话。

苏格拉底： 这也就是说，每项技艺都有其利益成分。

色拉叙马霍斯： 这话也对。

苏格拉底： 创造并提供利益是技艺的天性。

色拉叙马霍斯： 是的。

苏格拉底： 技艺还有其他需求吗？

色拉叙马霍斯： 我不明白你的意思。

苏格拉底： 如果你问我，我的身体除为了自身之外，尚还有其他需求吗？我会说，当然还有很多需求。因为身体总是有欠缺的，还可能会生病。生病就需要治疗，所以身体就有对医术的需求。你认为是这样的吗？

色拉叙马霍斯： 是的。

苏格拉底： 而医术本身及其他任何技艺是不是都有欠缺呢？比如：人的眼睛可能健康，但有时也会看不清东西；人的耳朵可能很健康，但有时也会听不见某种声音。所以我们必须靠医术来弥补听力和视力上的缺陷。但医术本身也是有缺陷的，又需要别种技艺来弥补，弥补的技艺又需要另外的技艺补充，这样推下去是不是就无穷尽了呢？如果每一种技艺都只顾自身的利益，既不去弥补别的技艺，也不要别的技艺来弥补，那么这种技艺就有问题了。事实上每种技艺只需要寻找自己作用的对象，因为在保持真实性的前提下是不会有错误和缺陷的。请你在严格意义上判断我说的话是不是正确。

色拉叙马霍斯： 似乎是这样的。

苏格拉底： 那么，医术所寻求的不是本身的利益，而是对人体的利益，是吗？

色拉叙马霍斯： 是的。

苏格拉底： 以此类推，骑术所寻求的也不是本身的利益，而是马的利益。任何技艺都不是为的本身，而只是为它的对象服务。

色拉叙马霍斯： 是的。

苏格拉底： 色拉叙马霍斯啊！技艺本身不就是统治对象、支配对象吗？

这时，色拉叙马霍斯的脸色已经很难看了，虽然勉强，但还是开口了。

色拉叙马霍斯： 是的。

苏格拉底： 没有任何一门科学和技艺只顾及强者的利益而不顾及他所支配的弱者的利益。

苏格拉底：色拉叙马霍斯试图反驳我，但最后还是同意了，他勉强同意我的话。

色拉叙马霍斯： 是这样的。

苏格拉底： 这样一来，我们就可以说，医生给病人开药时，考虑的不是自己的利益，而是病人的利益。因为我们已经共同承认一个真正的医生是支配人体，而不是赚钱。你说对吗？

色拉叙马霍斯： 对。

苏格拉底： 同样，严格意义上舵手是水手的统治者，而不仅仅是一个水手。

色拉叙马霍斯： 是的。

苏格拉底： 那么，舵手要考虑的并不是自己的利益，而是他的下属水手们的利益。

色拉叙马霍斯： 是的。

苏格拉底： 色拉叙马霍斯先生，任何一个政府中的统治者在统治时都不能只顾自己的利益，而不顾及老百姓的利益。他们的一言一行都要保护百姓的利益。

苏格拉底：辩论进行到这里时，在场的人都知道正义的定义已基本被颠倒过来了。色拉叙马霍斯则不认同，继续向我发难。

色拉叙马霍斯： 苏格拉底，请问你有没有奶妈？

苏格拉底： 我本来应该向你发问的，反倒被你抢先了，但你为什么问这种不相干的问题呢？

色拉叙马霍斯： 因为我认为你在流鼻涕的时候，她不管你。如果你有奶妈的话，她不应该连羊跟牧羊人的区别都没教会你。

苏格拉底： 你这是在说什么，有点莫名其妙。

色拉叙马霍斯： 这可一点也不莫名其妙。因为你只懂得幻想，你幻想牧羊人把羊喂得又肥又壮，是为了羊的温饱利益，而不是为羊的主人的利益。你还幻想国家的统治者是真正意义上的统治者，他们不将百姓看作上面说的羊，且日夜操心并不是只为自己的利益，而事实并不是这样的。

苏格拉底，你对正义和非正义的理解还很苍白，正义与非正义是两个车道上的车，它们都是靠人的行为来完成的。对百姓而言，谁是强者，谁就是正义，正义为强者服务而不是弱者。非正义则正好相反，专为管束那些弱者。统治者的官员为统治者的利益操劳，为统治者的快乐而奔波，全然不是为了他们自己。你的头脑真是简单，你就不应该再想想吗？正义者和不正义者相比，正义者是不是总是处处吃亏？拿做生意来举例说明一下。正义者和不正义者订立契约，合伙经营，分红时，非正义者就比正义者分到的多。交税时，正义者和非正义者的收入相等，但非正义者所交的数额就少很多。这样推论下来，在正义者和非正义者都能获得某种东西时，非正义者总是获得的比正义者多。这两种人在执政掌权的时候又是怎样的情况呢？正义者会忽视自己的私人事业，因为他们坚持正义，不损公肥私。他们还因为不愿意用权力为亲朋好友帮忙而得罪他们，遭到他们的抱怨。不正义者就不会出现这样的情况。从十恶不赦的坏蛋身上，我们可以很明显地看出非正义给人们带来的极大好处。举个极端的例子或许能让我得到你们的认可。最不正义的人一般是最快乐的人，不愿意为非作歹的正义者是最吃亏的人。非正义的极端形式是独裁，独裁者使用暴政，将别人的东西，不论是神圣的还是世俗的，是公家的还是私人的，都肆无忌惮地巧取豪夺。普通的百姓如果犯了错，东窗事发，就会接受法律的惩罚，被视为大逆不道，被定义为强盗、骗子、小偷等。但那些掠夺百姓的钱财、剥夺百姓人身自由的人，不但不用接受惩罚，还会得到人们的敬畏。守法的百姓这么认为，非正义的无耻之徒也这么认为。一般人谴责非正义，是因为受到了非正义的伤害，而不是因为他们不敢做非正义的事。因此，我可以这样说：非正义在很大程度上比正义更自由和随意，只要非正义的事做得大，就比正义更有力。我还是坚持我的观点：正义是为强者的利益服务的，非正义仅仅对个人的利益有好处。

苏格拉底：色拉叙马霍斯就像是澡堂里的伙计，将大桶的高谈阔论对我们劈头盖脸浇下来，弄得我们满耳朵都是。说完之后，他想溜之大吉，但在场的人都要求他留下来,对他的话做出解释。这其中也包括我。

苏格拉底：聪明的色拉叙马霍斯,你刚才的一番话说明你的确是一个了不起的人物,但你所说的究竟是对是错,还要进行充分的证明和辩论。如果你这样走了,岂不是给我们留下太多的遗憾。你刚才说的"个人"指的是每个人吗?你认为每个人的人生道路该怎样走呢?

色拉叙马霍斯：在这个问题的关键性看法上,我认为我们俩没有什么不同之处。

苏格拉底：但我认为,你对大家漠不关心,对别人的问题还欠考虑。我们没有你的那种智慧,因此在人生问题上不知道怎样做是好,怎样做是坏,还需要向你请教。不要独自享受你的知识,说出来让我们一起分享,你一定会得到回报的。但现在的问题是,我还没有被你说服,我不同意你说的我们俩的观点没什么不同之处。试想,如果一个人不加限制,为所欲为地将不正义的事做到极点,他能比正义者更有益吗?你的意思是让大家都去做不正义的事,做得越多对国家越好,对此恐怕在座的人都不会同意你的。可能我们的智慧还达不到,请你开导开导我们,让我们充分理解你"正义劣于非正义"的观点。

色拉叙马霍斯：你对我持抗拒心理,要我怎样说服你呢?我说的话你一句也听不进去。我还能有什么办法呢?难道你要我在你脑袋上开个窟窿,将证据塞进去吗?

苏格拉底： 不是，天哪！那是多么可怕的事情，不过我真的希望你不要将自己说过的话进行更改，否则，我们很难理解你的意思。如果你觉得需要更改自己的观点，也不要偷梁换柱地欺骗、蒙混我们。色拉叙马霍斯，在此我很郑重地告诉你，在前面的辩论中，你对真正的医生下的定义与给牧羊人下的定义是矛盾的。你认为牧羊人放牧并不是为了羊群的利益，他们就像恶鬼一样，一心只想到羊肉的美味，或者说像贩子一样，只是在羊身上赚钱。但我还是认为牧羊人的技艺无疑让羊获得了利益。技艺之所以能称得上是技艺，是因为它创造了非技艺者不能创造的价值。我觉得统治者也同样适用这样的道理。一个统治者不论统治的是国家还是他自己的生活，都是为他的民众得益而操心。你认为国家统治者都很乐于做这样的事吗？

色拉叙马霍斯： 不乐意干。

苏格拉底： 色拉叙马霍斯，你知道为什么有些人不愿意为统治者服务吗？他们要求统治者给予他们一定的报酬，因为他们在为统治者的利益服务，而不是为他们自己的利益。请你回答我一个问题：是不是能称得上是技艺的，都有各自不同的独特的功能？请不要讲违心的话，否则我们就很难辩论下去了。

色拉叙马霍斯： 我赞成你说的话，分别就在这里。

苏格拉底： 是不是每种不同的技艺都给了我们不同的利益？如医术给了我们健康，航海术则让我们在海上航行更为安全。

色拉叙马霍斯： 当然是这样的。

苏格拉底： 能不能认为是挣钱术让我们赚了钱？假如一个人原本身体并不健康，但等他航海回来之后身体健康了，能不能把航海术说成医术？

色拉叙马霍斯： 当然不能。

苏格拉底： 假如一个人挣钱的时候，身体变得健康了，能不能将挣钱术称为医术？

色拉叙马霍斯： 不能。

苏格拉底： 那医生行医得到了报酬，能不能将他的医术称为挣钱技术呢？

色拉叙马霍斯： 当然也是不能的。

苏格拉底： 很好，现在我们达成一致意见了，每种技艺的利益都只局限于其本身，你说是吗？

色拉叙马霍斯： 是的。

苏格拉底： 因此，如果有一种技艺是拥有技艺的人都能享受的，那是因为他们都需要某种共同的利益，而不是他们各自特有的技术。

色拉叙马霍斯： 好像是这样的。

苏格拉底： 这就可以说技艺者获得的报酬，是他在运用了自己特有的技术以外，又运用了一种挣钱术？

色拉叙马霍斯逐渐不耐烦了，但为了保住面子，还是做出了回答。

色拉叙马霍斯： 对。

苏格拉底： 既然技艺者获得的报酬并不是来自他本职的技术，那么，应该说医术产生了健康，而挣钱术产生了报酬，其他各行各业都是这样。每种不同的技艺的专业领域都给他们的对象带来利益，但如果技艺者得不到报酬，他能从其他技艺中得到真正的利益吗？

色拉叙马霍斯： 不能。

苏格拉底： 如果工作得不到报酬，是不是他就不能给别人利益了？

色拉叙马霍斯： 不是的，他还能给别人技艺。

苏格拉底： 色拉叙马霍斯，到现在为止，没有一种技艺或统治术是为他们自身获得利益。就像我们前面说过的那样，一切人的行为都是为了对象（尤其是弱者）的利益。如果没有报酬，没有人甘愿充当与自己无关的扶正祛邪的政务。作为一名统治者，治理国家时不可能不付出报酬，他日夜操劳并不是为了自己，而是为了百姓。他在处理工作和下达命令的时候需要有执政者为他服务。为他服务的人就是官吏，如果官吏愿意承担这种工作，就要给他们俸禄（报酬），或给名，或给利；如果官吏不愿意做，就对他们实施惩罚。

苏格拉底： 这时，色拉叙马霍斯已经找不到反驳我的话了。

第三章　解析正义与非正义的善与恶

◆ →辩论者：格劳孔/苏格拉底/色拉叙马霍斯 ◆

格劳孔： 苏格拉底，你刚才说的金钱和荣誉我明白，但你说的官吏不愿意工作，就对他们实施惩罚是什么意思？既然是惩罚，怎么也说成是报答的一种方式呢？

苏格拉底： 你是不是不理解这种报答方式的性质？报酬一般是刺激最能干的人当统治者的官吏，但贪图名利的人自然就会有野心。贪图名利是不是应该被视为可耻的？

格劳孔： 是的，这点我明白。

苏格拉底： 好人不为名利来当官。他们不肯为了职务公开拿钱，被人视为用人；也不愿意假公济私，被人视为小偷；更不为名誉而动心，因为他们并没有野心。所以要让他们来当官，就只能用惩罚来强制他们当官了。这就是大家为什么认为那些没有受到强迫，却整天想当官的人是可耻的。比这更可耻的是那些没有能力当官，但又心甘情愿地接受官职的人。对那些不愿意承担政府官职的人来说，最大的惩罚就是让那些能力不如他们的人统治他们。我认为那些有才干的好人之所以接受官职，是担心那些没能力的人将国家管乱了。因此，真正有官吏才干的人接受官职不是因为他们能从官位上得到怎样的好处，而是因为他们找不到与他们一样有才干、能执掌国家的人。如果一个国家都是有管理才干的人，那么大家争着不当官，就像现在大家都争着当官一样热烈。由此可以得出结论：一个真正的明君在本质上不会只考虑自己的利益，而只会为自己的百姓着想。任何有识之士宁可受人之惠，也不愿多管闲事加惠于人。所以我绝对不能同意色拉叙马霍斯所定义的"正义是强者的利益"的说法。这个问题可以以后说。但我听到他说非正义远比正义更有益的时候，我觉得这个问题的性质相当严重。我们俩到底谁对谁错呢？格劳孔，如果让你选择的话，你更倾向于哪一方？

格劳孔： 色拉叙马霍斯刚才说的话我听到了，他认为非正义能带来很多的利益，但并没有将我说服。

苏格拉底： 那我们是不是应该拿出我们的道理，让他明白自己的错误？

格劳孔： 应该。

苏格拉底： 在他说完自己的想法之后，我们可以按照他的话，正面提出和叙述正义的好处，让他和我们一对一地驳辩，当双方的意思都表达明确了之后，将两方所说的好处各自汇总起来，作一个总的比较。但这需要一个公证人来当裁判。如果仍采用刚才那样的讨论方式，双方互相承认，那我们自己既是辩护人又当公证人了。

格劳孔：你说得一点也不错。

苏格拉底：你比较喜欢哪一种方法？

格劳孔：第二种。

苏格拉底：那么，色拉叙马霍斯，你愿意就刚才的话题与我们再谈一次吗？如果愿意，你是不是还坚守你说的极端的非正义比极端的正义更有益的观点？

色拉叙马霍斯：我的确这样说过，还说明了理由。

苏格拉底：你现在对这个问题的看法是什么？你认为正义与非正义是一善一恶吗？

色拉叙马霍斯：当然，这是明摆着的。

苏格拉底：是不是正义是善，非正义是恶？

色拉叙马霍斯：苏格拉底，你别忘了我主张非正义有利，正义有害。

苏格拉底：那你的意思是？

色拉叙马霍斯：刚好相反。

苏格拉底：也就是说正义是恶？

色拉叙马霍斯：不，应该说正义是忠厚而纯真。

苏格拉底：那你真的认为非正义既明智又能得益吗？

色拉叙马霍斯：是的。至少对那些能征服许多城邦或一个国家的统治者来说，非正义是明智且得益的。或许你会将我所说的非正义者理解为那些偷鸡摸狗的小偷，但只要他们没被发现偷东西，他们仍然是有利可图的，虽然他们不能与我刚才所说的那些极端不正义者相比。

苏格拉底： 我认为我理解你的意思了。但是你把非正义与美德、智慧相提并论，却将正义归为相反的一类，我真是惊讶啊。

色拉叙马霍斯： 是的，我是这样分类的。

苏格拉底： 色拉叙马霍斯，你将话说得没有回旋的余地了，叫我们该如何与你讨论呢。假如你在承认不正义有利的同时，也能承认它是一种邪恶和不道德，我们还能按照常人的理解与你讨论下去，但现在你将美德、智慧归于一类，似乎将非正义当成是光荣的强者。你这种逆于常人的思维，怎么能说是对的呢？

色拉叙马霍斯： 你的感觉真是敏锐啊！

苏格拉底： 我的朋友，我们之所以不躲避与你的辩论，是因为我们认为你在与我们讲真话，但如果你言不由衷，和我们开玩笑的话，我想我们的辩论就可以结束了。

色拉叙马霍斯： 辩论本身就是一种游戏，我可以说真话，也可以说假话，这与你的关系就是：你能推翻这个说法吗？

苏格拉底： 既然这样，我们就继续说下去吧，不过你能回答我一个问题吗？一个正义者有战胜另外一个正义者的欲望吗？

色拉叙马霍斯： 这不太可能，如果他真有这种欲望，那他就不再是那个单纯的好人了。

苏格拉底： 他会试图做一些非正义的事吗？

色拉叙马霍斯： 不会。

苏格拉底： 我再问你一个问题，如果他试图战胜非正义者，他会出于何种目的？他会认为自己的行为是正义的还是不正义的？

色拉叙马霍斯： 他当然认为是正义的，而且会想方设法完成自己的行动，但他是不会成功的。

苏格拉底： 能不能成功倒不是我想要问的问题。我要问的是，一个正义者不想胜过其他正义者时，他会想战胜一个非正义者吗？

色拉叙马霍斯： 会的。

苏格拉底： 那么，非正义者呢？他会想去战胜正义的人和事吗？

色拉叙马霍斯： 当然想，他们什么都想胜过。

苏格拉底： 非正义者会不会也想胜过非正义的人和事，以从中获利呢？

色拉叙马霍斯： 会的。

苏格拉底： 因此，我们是不是可以说，正义者不希望比别的正义者获得的利益更多，而希望比非正义者获得的多；非正义者希望比其他非正义者和正义者获得的多。

色拉叙马霍斯： 你说得真是太好了。

苏格拉底： 非正义是明智且得益的，而正义则正好相反。

色拉叙马霍斯：是的，又是一句好极了的话。

苏格拉底：非正义与明智的人相似，而正义则正好相反。

色拉叙马霍斯：当然是这样的，同类相吸、异类相斥嘛。

苏格拉底：也就是说同类的人的性质相同？

色拉叙马霍斯：是的。

苏格拉底：那么，色拉叙马霍斯，你是不是觉得有人是音乐家，而有的人不是音乐家？

色拉叙马霍斯：这是当然。

苏格拉底：哪种聪明，哪种笨呢？

色拉叙马霍斯：音乐家聪明，另外一种人笨。

苏格拉底：能说一个人聪明是好处，不聪明是坏处吗？

色拉叙马霍斯：能。

苏格拉底：那么，你认为医生也是这样的吗？

色拉叙马霍斯：是的。

苏格拉底：一个音乐家在调弦定音时，会想着要战胜其他音乐家吗？

色拉叙马霍斯：通常不会。

苏格拉底：那他会想着胜过音乐家以外的人吗？

色拉叙马霍斯：当然。

苏格拉底：医生是这样的吗？他在给病人治病时会不会想着要胜过其他同行？

色拉叙马霍斯：不会。

苏格拉底：但他会想着胜过一个不是医生的人？

色拉叙马霍斯：当然想。

苏格拉底：让我们将知识和愚昧概括地讨论一下。你认为一个有知识的人会想在言行方面超过其他有知识的人呢，还是更愿意与他们不相上下？

色拉叙马霍斯：想与他们不相上下。

苏格拉底：愚昧的人呢，他是不是想胜过那些有知识的人或比他更愚昧的人？

色拉叙马霍斯：是的。

苏格拉底：有知识就意味着聪明吗？

色拉叙马霍斯：是的。

苏格拉底：一个又聪明德行又好的人，不愿意超过与自己同类的人，却愿意超过与自己不同类且与他相反的人？

色拉叙马霍斯：大概是这样的。

苏格拉底：而一个又笨德行又坏的人反倒想超过同类和不同类的两类人，获得比他们更多的利益，是吗？

色拉叙马霍斯：是的。

苏格拉底：色拉叙马霍斯，你刚才是不是说过，非正义者想比同类和不同类的人都获得更多的利益？

色拉叙马霍斯：是的，我这样说过。

苏格拉底：你是不是也说过，正义者不愿超过同类，只愿意超过不同类的人？

色拉叙马霍斯: 是的。

苏格拉底: 那么,正义者与又聪明、德行又好的人相似,非正义者与又笨、德行又坏的人相似,是不是?

色拉叙马霍斯: 似乎是的。

苏格拉底: 我们也同意过两个相似的人性质是一样的。

色拉叙马霍斯: 是的。

苏格拉底: 那么现在就清晰了,正义者是聪明的好人,而非正义者是愚昧的坏人。

> **苏格拉底:** 需要声明的是,色拉叙马霍斯同意我说的话时非常勉强,好几次都一再顽抗。我们辩论时正值盛夏,他急得浑身大汗,满脸通红,我从来都没见过他这样。即使我们都同意了正义是智慧与善良,非正义是愚昧和邪恶,但辩论仍没有结束。

苏格拉底: 色拉叙马霍斯先生,这点算是解决了,但我们还说过,非正义是强有力的,是吗?

色拉叙马霍斯: 是的,但我并没有认同你的说法。我有自己的看法,但我说出来,你极有可能认为我是在大放厥词,所以我还是听你说,事实上我也知道你指望着我作答。但不管你说什么,我就像是听一位老太太的唠叨,不停地说:"好!"

苏格拉底: 你不同意我的话不要勉强同意。

色拉叙马霍斯： 如果能让你高兴，一切听你的了，你还想要什么？

苏格拉底： 不想要什么，既然你已经铁了心了，我就要提问题了。

色拉叙马霍斯： 你继续吧。

苏格拉底： 为了能更好地继续研究正义和非正义的利弊问题，我们复述一下前面的话题。前面我们说过非正义比正义更强有力的说法，但现在我们又证明了正义是智慧的、善良的，非正义是邪恶的、愚昧的。那么，显而易见，正义比非正义更强、更有力。但我们不愿这样马虎了事，我们换个角度来看，有些非正义的城邦用不正义的手段征服了别的城邦，将它们置于自己的奴役之下。你承认有这样的事吗？

色拉叙马霍斯： 我当然承认。最有实力而又最不正义的城邦最容易做这样的事情。

苏格拉底： 这是你的个人理论，我现在考虑的是，这样的城邦去征服别的城邦，是以正义得来的，还是以不正义得来的？

色拉叙马霍斯： 如果你刚才说的"正义是智慧"的说法不错，这个城邦的行为就是正义的，而我却认为是从非正义中得来的。

苏格拉底： 我很高兴，我的朋友，你给出了一个很好的回答。

色拉叙马霍斯： 我这全是出于礼貌。

苏格拉底： 我领你这份情了，你能不能再回答我一个问题，让我高兴一下？一个城邦，或一支军队，或一伙盗贼，或任何集团在做非正义的事时，如果彼此之间没有共同的利益，会取得成功吗？

色拉叙马霍斯： 成功是想都别想的。

苏格拉底： 如果他们采用正义的方法，不相互拆对方的台，他们会成功吗？

色拉叙马霍斯： 极有可能成功。

苏格拉底： 是不是可以说正义让他们友好、和谐，非正义让他们分裂、仇恨、争斗？

色拉叙马霍斯： 姑且这么说吧！我不想与你为难。

苏格拉底： 我对你不胜感激。我还想知道，如果非正义能制造仇恨的话，它在任何人之中，不管是自由人还是奴隶，都会让人与人之间产生仇恨，相互争斗，不能团结一致地去完成一件事情，是吗？

色拉叙马霍斯： 是的。

苏格拉底： 假如两个人之间存在着不正义，他们是不是会吵架，反目成仇，成为正义者的敌人？

色拉叙马霍斯： 会的。

苏格拉底： 如果只是两个人中的一个人身上出现了非正义，那么按你的说法，非正义的能力是丧失呢，还是保留？

色拉叙马霍斯： 姑且算能保留下来吧。

苏格拉底： 如此说来，非正义具备一种能力，它不论发生在国家、家庭、军队或其他任何团体中，都会让他们不能一致行动，内部出现分裂，相互敌视对方。色拉叙马霍斯先生，是这样的吗？

色拉叙马霍斯：是这样的。

苏格拉底：我认为非正义存在于个人身上同样会发挥它的能力。它会让一个人自相矛盾、自相冲突、没有主见，还会让他与自己为敌，是不是？

色拉叙马霍斯：是的。

苏格拉底：我的朋友！诸神是正义的吗？

色拉叙马霍斯：算是吧。

苏格拉底：那么，非正义就是诸神之敌，正义是诸神之友。

色拉叙马霍斯：你继续高谈阔论吧，我不反对你，省得扫大家的兴。

苏格拉底：那我继续讲下去了。我们已有足够的证据表明，正义者更聪明，更尽人情，而非正义者根本不能合作。所以说非正义者不能有一致的行动，我们刚才所说的非正义是强有力的显然是不妥当的。非正义者是不能合作的，如果他们还能凑在一起，就证明他们多少有点正义。仅凭这么一点正义，他们可能会做出一点成果。如果一点正义也没有，他们之间就会发生内讧，相互伤害。绝对不正义的真正坏人绝做不出任何事情，这是我的看法，与你的看法有所不同。再来讨论另一个问题，正义者是否比非正义者生活得更好、更快乐？虽然根据我所说的，答案已经显而易见，我认为他们应该过得更好、更快乐，但事实并不如愿。这不是一件小事，而是一个人如何处事的大事。

色拉叙马霍斯： 你继续往下说吧。

苏格拉底： 请你回答我，马有马的功能吗？

色拉叙马霍斯： 有。

苏格拉底： 所谓马的功能，或者任何事物的功能，都是除了马或其他事物本身外不能代替完成的。是不是？

色拉叙马霍斯： 我不明白你的意思。

苏格拉底： 那我做出进一步的解释，如果不用眼睛看，你能看得见东西吗？

色拉叙马霍斯： 不能。

苏格拉底： 不用耳朵，你能听得见声音吗？

色拉叙马霍斯： 不能。

苏格拉底： 这就是说眼睛和耳朵的功能是独有的，其他器官不能代替，是吗？

色拉叙马霍斯： 可以这样说。

苏格拉底： 我们能不能用短刀或匕首去剪葡萄藤？

色拉叙马霍斯： 有什么不可以吗？

苏格拉底： 用它们总不如用专门修剪葡萄藤的剪刀。

色拉叙马霍斯： 这倒是真的。

苏格拉底： 这难道不是剪刀的特殊功能吗？

色拉叙马霍斯： 是的。

苏格拉底： 这样，你就应该更加明白我刚才问的那个问题的意思了。一个事物具有的功能是特有的，其他东西不能代替，即使代替也做不好。

色拉叙马霍斯： 我赞成这个说法。

苏格拉底： 是不是所有的事物都有自身的优秀之处？如眼睛。

色拉叙马霍斯： 是的。

苏格拉底： 眼睛的功能有优秀之处吗？

色拉叙马霍斯： 有。

苏格拉底： 耳朵的功能有优秀之处吗？

色拉叙马霍斯： 有。

苏格拉底： 那么其他各种事物是不是也这样，有各自的共有和特殊之处？

色拉叙马霍斯： 是的。

苏格拉底： 如果眼睛失去了它的优秀之处，只剩下特有的缺陷，那眼睛还能发挥出它应有的功能吗？

色拉叙马霍斯： 人的眼睛瞎了，当然就失去它的功用了。

苏格拉底： 你这话的意思是，如果眼睛失去了视力这个特殊的功能，就不能发挥看物体的功能，是吗？但我相信，这时候下结论还尚早，我想从更大的角度来谈论。事物靠优秀之处发挥功能，如果不能发挥就是缺乏优秀之处，是不是？

色拉叙马霍斯： 是的。

苏格拉底： 我想耳朵也是一样的，它失去了优秀之处就不能执行功用了。

色拉叙马霍斯： 你说得对。

苏格拉底： 这是不是适用于所有的事物？

色拉叙马霍斯： 我想是的。

苏格拉底： 那么，人的心灵是不是也有它特殊的功能，如管理、思考、谋划等，这是不是人的心灵所专有的功能。

色拉叙马霍斯： 毫无疑问是这样的。

苏格拉底： 也就是说，人的心灵也有优秀之处。而当被剥夺之后，它还能继续执行它的功能吗？

色拉叙马霍斯： 显然是不能的。

苏格拉底： 一颗善良的心灵会成为一个善良的统治者，相反，一颗邪恶的心灵会成为邪恶的统治者，我可以这样说吗？

色拉叙马霍斯： 可以。

苏格拉底： 既然这样，是不是能确认正义是心灵的优秀之处，非正义是心灵的缺陷？

色拉叙马霍斯： 是的。

苏格拉底： 一颗正义的心灵加上一个正义的人，生活将会是幸福快乐的；而一颗非正义的心灵加上一个非正义的人，生活将是悲惨痛苦的。

色拉叙马霍斯： 你说的话已经证实这一点了。

苏格拉底： 这就是说，正义是快乐幸福的，非正义是悲惨痛苦的。

色拉叙马霍斯： 是的。

苏格拉底： 亲爱的色拉叙马霍斯，正义永远都比非正义更有利于人。

色拉叙马霍斯： 苏格拉底先生，你让我服了。你把这次辩论当成是朋迪斯节的盛宴吧！我衷心地祝贺你！

苏格拉底： 如果是这样的话，我首先要感谢你。因为你不再向我发难，不再让我难堪了。不过这顿盛宴我并没有好好享受，这要责怪我自己，与你无关。我就像是一个馋鬼，品尝了端上桌的每一道菜，却忘记了真正要去吃的菜。我脱离了讨论的目标，那就是什么是真正的正义。这个话题还没有得出结论，我忘记了探讨正义究竟是善良、智慧的，还是邪恶、愚昧的，让正义与非正义谁更有益成为辩论的主题。辩论结束了，我觉得仍然一无所获，我仍没有弄清楚什么是正义，它是不是一种美德，也不能说正义的人究竟是幸福快乐的还是悲惨痛苦的，所以并不像获得胜利那样开心。

第四章 论正义的起源与本质

◆ →辩论者：苏格拉底/格劳孔/阿德曼托斯 ◆

苏格拉底：当与色拉叙马霍斯辩论结束，我说完之前那段话后，我本以为有关正义的讨论就该结束了，谁知这只是开始。格劳孔的性格开朗而又固执，他对色拉叙马霍斯那么容易地认输颇不以为然。于是，他开始向我发难了。

格劳孔：苏格拉底，你以为你真的说服我们了吗？你说正义总比非正义好，这是你真实的想法，还是为了说服我们而故意这么说的呢？

苏格拉底：我保证心口如一。

格劳孔：如果真是这样，那么我可以说，你还不算是成功了。你同不同意我以下的说法？有一些事情我们很需要，但只需要它的本身，而不是使用它之后的后果。如无伤大雅的娱乐和享受，人们在过程中得到了快乐，但并不会有什么后果。

苏格拉底：我同意。

格劳孔：还有一种事物，我们既需要它的本身也注重它的后果，如丰富的知识、较好的视力、强健的体魄等，我认为这些事物给我们带来了两方面的满足。你觉得呢？

苏格拉底： 是这样的。

格劳孔： 那么，你知道还有第三种事物吗？如体育锻炼、求医治病等，总体来说就是赚钱术之类的。我们在其中未必能获得快乐，甚至可以将它们视为苦差事，但往往还是要去做，为的是能获得报酬和一些随之而来的利益。

苏格拉底： 对，这第三种事物也是存在的，可是你为什么问这样的问题呢？

格劳孔： 如果让你选择，你会将正义归入哪一种？

苏格拉底： 我认为正义属于最好的那一种，也就是第二种，因为它给人们带来了本身和后果两方面的满足。

格劳孔： 这仅是你个人的想法，一般人是不会这样想的，他们认为正义是一件苦事。人们追求正义，图的是它的名和利，而对正义本身则会敬畏，并尽量做出回避。所以我更倾向于将正义划为第三种。

苏格拉底： 我认为一般人是这样想的，色拉叙马霍斯刚才坚持的观点，正说明他将所有的这些看透了，所以他干脆赞颂非正义。我只恨自己太愚蠢，不能将它们看透。

格劳孔： 让我也说一下自己的观点，看你能不能同意。我认为色拉叙马霍斯就像一条受不起惊吓的蛇，被你吓唬几下，就败下阵来了。我对他如此快地屈服很不满意。我也很不满意你所提出的有关正义与非正义的论证，我想知道什么是正义，什么是非正义，至于正义和非正义的利益和后果暂且搁置一边。如果你同意的话，我将色拉叙马霍斯的论证重温一遍。第一，根据一般人的想法，谈论一下正义的本质和起源；第二，探讨一下将正义付诸行动的人是心甘情愿这样做，还是迫不得已？第三，我要证明持色拉叙马霍斯观点的人不无道理，因为从对日常生活中的正义来看，似乎非正义者的日子过得确实比正义者要好得多。苏格拉底，你别误解，我也不愿意相信这样的事实，但我又不得不承认，因为我们耳朵里听到了太多这样的议论。色拉叙马霍斯及其他人众口一词，真是让我很为难。而且我也从来没有听到过像样的有关正义的议论，证明正义比非正义好。我真的很想听，所以我只好站在你的对立面上，赞成非正义，我将希望寄托在你的身上，希望你能尽情地发挥，你愿意配合我吗？

苏格拉底： 我很乐意接受你的建议。还有什么话题能比我们现在讨论的这个更能吸引有见识的人来反复进行讨论呢？

格劳孔： 能得到你的支持真是太好了。我就按照我刚才说的那三个步骤来说吧。首先谈论正义的本质和起源。人们常说，做非正义的事能得到利益，遭受非正义会受到伤害，人受伤害的结果远远大于获得的利益。所以，人们因为非正义既尝到了甜头，也吃到了苦头。两种味道都尝过的人，忌恨苦头，于是就想到立法，既不要得非正义的好处，也不吃非正义的亏。他们将守法叫合法的、正义的。这就是正义的本质与起源。正义的本质就是最好与最坏的折中。所谓最好，就是干了坏事而不受罚；所谓最坏，就是受了惩罚而无法报复。因此，正义本身并不是善良的，而是因为正义者没有胆量和能力去做不正义的事。任何一个真正有胆量和能力做坏事的人，是不会与人签订契约、制定法律的。我认为一般人理解的正义的本质和起源就是这样的。

下面我说第二点，将正义付诸行动的人并不是心甘情愿的，而是因为他没有做非正义之事的能力。我们可以做这样一个假设：将为所欲为的权力赋予一个正义者和一个非正义者，然后在一旁冷眼旁观，看看他们各自的欲望会让他们做出怎样的事情。我们很快就会发现正义者也在做非正义的事，因为人性中追求私欲的本性是一样的。但人因为受到法律的约束，所以才走上正义的道路。我所说的随心所欲是指像利地亚国王克里斯的祖先古各斯拥有的权力。据说，古各斯还是一个牧羊人的时候，在利地亚国王的手下当差。有一天，他放牧时，遇上了一场暴风雨，接着是地震，地面上裂开了一个地洞。他惊奇地进入了地洞，在洞里发现了许多新奇的玩意儿，其中有一个空心的铜马。马腰身上有一个窗户，他从窗户望进去，发现里面有一具一丝不挂的尸体，但尸体的手指上戴着一枚戒指。他将戒指取下，回到了地面。牧羊人有一个惯例，就是每个月要开一次会，把羊群的情况向国王报告。古各斯戴着这枚戒指参加了会议。会议上,他无意中将戒指镶有宝石的一面朝手掌一转,其他人就看不见他了;将戒指朝手背一转,别人又看见他了。他这样试验了很多次,每次都很灵验。于是,他就起了坏心,想方设法当上了国王的使臣。进入宫中之后,他越来越坏,勾引了王后,并与她合谋杀掉国王,夺取了王位。假设世界上有两枚同样的戒指,正义者和非正义者各戴一枚。那么,我们还能保证正义者有坚定的意志继续做正义的事吗?如果正义者被允许能在市场上随意拿东西,随意进入别人的屋子,随意杀人劫狱,随意调戏妇女,让他像全能的神一样,正义者的行为就与非正义者的一模一样。我举这个例子是为了说明,没有人将正义当成好事,心甘情愿地去做。行使正义只有两种情况,一种是能给他带来利益,另一种就是迫于无奈。当一般人实行非正义后得不到任何惩罚时,他就会一直实行非正义,因为大家都认为非正义要比正义获得的利益多。我真心地认为,如果我有古各斯那样的隐身术,却不肯做任何非正义的事情,不拿不属于自己的任何东西,周围的人不但不会称赞我,反而会取笑我是一个傻瓜。尽管当着你的面可能会对你大加赞赏,但内心却不是这样想的。之所以称赞你,是不想成为非正义的牺牲品。这一点暂且说到这里。

如果我们真要对正义者和非正义者的生活做出一番评价,那么就要将他们孤立起来,对他们的生活做出对照。我的意见是:我们不从非正义者身上减少非正义,让他尽情地作恶,也不从正义者身上减少正义,让他尽情地去行善,让他们各行其是,各尽其能。

首先,我们让非正义者像身怀绝技的人那样去行事,就像是最好的舵手或最好的医生那样行动。在他的技术范围内,他能分辨哪些是自己能做的,哪些是不能做的,对不能做的事情他轻易不去触及。即使偶尔出现错误,他也能用自己的能力做出弥补。他会将坏事做得不露痕迹,打着正义的招牌来隐藏自己的内心,做了坏事,还要赢得人们的好评。如果邪恶被揭露,他就会鼓起如簧之舌说服人家;如果是动武,他也有的是勇气和实力,更有财势和朋党。

按理论来说,与非正义者相比,正义者的形象应该是纯洁朴素的,就像诗人埃斯库洛斯所说,"不是表面上的好,是真正的好人。"如果把一个人看作是正义的,他就有名有利。这样我们就无法弄清楚他究竟是为正义而正义,还是为名利而正义了。所以我们要排除他身上的一切表象,只剩下正义本身,让他一贫如洗,清清白白。虽然有人对这样的生活不可理解,但正是这样才是接受了正义的考验。这样的人即使被公众视为违反了人的本性,但仍然坚守正义,鞠躬殉道,死而后已。这样正义和非正义就各自走向了极端,我们也能更好地判断哪一种人的生活更幸福了。

苏格拉底: 天哪!亲爱的格劳孔,你说了这么多话来描述这两种人,简直就像是在打磨两尊精美的雕像!

格劳孔：我也是尽我的最大能力罢了。如果这是两者的本质，那么我们接下来讨论的两种生活就变得比较容易了。苏格拉底，如果你认为我说话粗野，你可不必以为是我在说，你可以看成是那些颂扬非正义、贬抑正义的人在说。他们会告诉你，被视为邪恶的正义者们遭受拷打折磨，被烧瞎眼睛，受尽各种痛苦，最后被钉在十字架上。那时，正义者才会真正体会到，他不该做一个真正义的人，而应该做一个假装正义的小人。埃斯库洛斯的诗句似乎更适用于非正义者。非正义者行恶反而是在追求实际的东西，而不是做一名伪君子，主张公开地做非正义的事，也就是我们常说的"明人不做暗事"，追求生活上的真实。

他的心田肥沃而深厚，计划谋算从这里生出，精明的主意也从这里生出。

因为他在公众中赢得了正人君子的美誉，可以想当官就当官，想纳妾就纳妾，可以做任何他想做的事情，而且不论做什么都可以赚到绝对的便宜。他实施非正义的时候没有任何顾忌和自责，甚至没有竞争对手，谁要是与他过不去，那就是自寻死路。他很容易就能拥有万贯家产，致富之后就开始结党营私。只要他愿意，不论是祭祀敬神还是待人都会有盛大的场面，非常奢侈。而这一切是贫困的正义者所无法做到的。所以，不用说人，即使是神，也会说非正义者的生活要比正义者的生活好得多。

苏格拉底： 格劳孔的话刚说完，我还没来得及表达我的意思，他的兄弟阿德曼托斯就插上话了。

阿德曼托斯： 苏格拉底，你认为格劳孔所说的还需要补充吗？

苏格拉底： 你似乎还有什么要讲的。

阿德曼托斯： 是的，我认为格劳孔还没有把最说明问题的证据提出来。

苏格拉底： 都说兄弟一条心，如果你觉得格劳孔的话还不够完整，你就帮他补上。不过我要指出，他说得已经足以将我打败了，我现在都不知道该怎样为正义辩护了。

阿德曼托斯： 不要谦虚了，我只不过是在你精彩的答辩之前增加一点难度而已。我觉得格劳孔还有一方面没有谈到，我必须将它提出来，才能将格劳孔的意思表达得更清楚。你应该知道一个父亲或一个老师会经常告诫自己的子女或学生，为人要正义，而他们的教诲并不是颂扬正义本身，而是颂扬来自正义的好名声。有了好的名声，就可以从中获得许多好处。刚才，格劳孔说，不正义的人因有正义的名声获得了利益，我现在所说的这种人比其他人更注意表象，他喜欢将好名声和诸神联系在一起，说诸神会把一大堆好东西赏赐给虔诚的人们。而这与诗人赫西俄德和荷马的观点相符，赫西俄德说诸神使橡树为正义的人开花结果：

树梢生橡子，树间飞蜜蜂；树下有绵羊，羊群白如云。

荷马的说法与他大同小异，他说：

君王英明，敬畏诸神；高举正义，五谷丰登；土地肥沃，果实累累；牛羊兴旺，鱼虾满筐。

默塞俄斯和他的儿子在诗歌中歌颂诸神赐福正义者的语言更加美妙。他们说正义者会进入冥界，头戴花冠，斜倚长榻，醉生梦死，似乎寻欢作乐就是上苍给正义者的最好的报酬。也有人说，上苍对人的德行的恩赐荫及后代。他们说，忠实于正义的人多子多孙，绵延百代。这是他们宣传正义的一种方式。他们将非正义者埋在阴间的泥土中，强迫他们用竹篮打水，这还不够，他们还让非正义者在活着的时候就蒙受恶名，遭受各种惩罚。有关正义者和非正义者的褒扬，我就暂时说这些。

此外，我还要再分析一下诗人和其他人关于正义和非正义的另外一种说法。从古至今，他们都众口一词地赞美正义和道德，却要遭受诸多的苦难，而不正义的人却能很容易地得到快乐。非正义者虽然知道自己的恶行会受到制裁，但他们相信人世间所有的诚实都不如不诚实更能获得利益，认为小人总比君子生活得快乐，所以他们尽管承认正义者的品质远比非正义者的好，但仍会被善良的穷人嗤之以鼻。更让人吃惊的是，他们认为诸神会将灾难赐予正义者,将好运赐予非正义者,以至于正义者不得不奔走于富家之门,游说主人,要他们相信他们的祖先作了孽,需要祭祀、符咒等来洗刷罪恶,并保证只要出一点钱,读几篇咒文,就可驱神役鬼,伤害他们想伤害的人,不管那人是正义者还是非正义者。为此,他们还引用赫西俄德的诗篇作为支持:

为恶不费力,为善苦登攀。

还有人引用荷马的诗来证明诸神是可以受人为控制的:

众人获罪莫担心,逢年过节来祭神,香烟缭绕牺牲供,诸神开颜保太平。

他们大量发行默塞俄斯与俄尔普斯的书,宣称默塞俄斯与俄尔普斯是月神和文艺之神的儿子。他们用书中规定的仪式,举行祭祀仪式,并让整个国家的人都相信酬神可以赎罪。活着的人和死去的人都可以用祭神的方法让自己获得赦免,如果不采用这样的方法,人的一生都不会得到诸神的饶恕。如果我们不这样做,结果会如何呢?没有人能回答这个问题。

亲爱的朋友!他们所宣传的有关神和人共同关心的善恶高论,对听众,特别是对那些聪明、能进行推理的年轻人的心灵有什么样的影响呢？他们能从这些高论中得出结论，知道走什么样的路，做什么样的人，才能使自己的一生过得更有意义吗？他们可能会问自己："我是要走一条正义的道路，还是靠阴谋诡计来步步高升，安身立命？"

大多数人相信，如果做一个真正的正义者，但没有人知晓就不可能获得现实的利益，甚至还要遭受万般的痛苦。但如果用正义作为掩护，实施非正义，那么就能轻松地过上快乐的日子。就像智者曾经论证过的，"貌似"远胜"真是"，且是幸福的主宰。那为什么不全力以赴追求假象呢？最好能躲在庄严的门墙后面，做一只富有智慧的阿尔赫洛霍斯所描写的狡猾贪婪的狐狸。但干坏事而不被发觉很不容易，天底下没有心想事成的事。而想要得到快乐就必须要这样做。我们论证的结果都指向这条道路。为了能将企图保密，我们就要开始一个过程：拉宗派、搞集团；要有大师教我们讲话的艺术；向议会法庭做演说，软硬兼施。通过这个过程，我们可以得到好处而不受惩罚。我听说对于诸神，既不能骗，也不能逼。我不相信这一点。如果没有神，或者有神而神不关心人间的事情，那么做了坏事也不会被发觉，行恶者就不会被发现。假如有神，且神关心我们的生活，那我们对神的了解和认识也是来自故事和诗人们描述的神谱。这些东西告诉我们，祭祀、祷告、承诺就可以将诸神收买过来。我们对此应该保持一致的观点，要么都信，要么都不信。如果我们信了，就放手去干坏事，然后拿出一部分利益去祭祀神灵。正义者不会受到诸神的惩罚，但也得不到非正义带来的利益。非正义者则在犯罪后通过向神灵祷告求情，既得到了利益，也让自己安然无恙。

有人说，行恶最终会有恶报，即使不报应在自己身上，也会报应在子孙身上。但精明的人却从不会停下行恶的行径，他们认为还有神秘、灵验的神灵具有强大的赦免力量。强大的城邦都是通过诸神之子——诗人和神的代言人向人们传达这样的消息。

既然这样，我们有什么理由不去选择非正义呢？苏格拉底，当一个人熟知了这些本质的东西之后，还会一心追求正义吗？他只会听着别人赞扬正义，而在心中窃笑。可能有人会反对我的观点，认为正义是最高尚的，但我相信，他们仍不会憎恶非正义，有时还会原谅非正义。因为我们知道没有一个人真正心甘情愿地实践正义，除非是那些疾恶如仇、困而知学，或者是生性懦弱、身体老迈没有实施非正义能力的人。他们一旦获得非正义的能力，便会尽可能地去做非正义的事情，原因就是刚才格劳孔所讲的。

苏格拉底，说来也怪，自古至今都有像你们这样的正义的歌颂者，但没有人从本质上就两者带来的荣誉、受尊敬的程度和带来的利益做出令人信服的评价，也没有人做出指责非正义、颂扬正义的立论。也就是说，没有人能用作品或语言表达出正义和非正义的真正本质，没有人指出过不正义是心灵本身最大的丑恶，正义是最大的美德。如果我们年轻的时候就接受这样的思想，我们彼此之间就不用相互提防，每个人都是自己最好的护卫者。因为每个人都不会做坏事。

有关正义和非正义，色拉叙马霍斯和其他人毫无疑问会说出这样的观点，可能还会说得更为犀利一点。按我的看法，如果这样继续讨论下去，就是将正义和不正义的真实价值颠倒过来了。坦白地说，我说出这样激励的语句，是希望你能回答出这个话题的本质。所以，你不能只论证正义比非正义好就算了，还要证明正义和非正义本身对它的拥有者有什么样的好处和坏处。请你按照格劳孔刚才要求的那样，先将两者的名誉问题抛开。因为如果不这样做，我们就会说你称赞的不是正义而是正义的外表，谴责的不是不正义而是不正义的外表，你只不过是让非正义者不被人发现而已。这样，我们就认为你的观点和色拉叙马霍斯的一致了。

苏格拉底，你在辩论开始的时候，曾说正义至善是世上最好的东西之一。所谓的最好包括两点：一是它的结果好；二是它的本身好，如视力、听力、智力、健康，以及其他德行，靠的是自己的本质而不是虚名。我请你在赞扬正义的时候，清楚地阐述正义与非正义对他们各自的所有者产生什么样的本质上的好处和坏处。我们能从许多人那里听到对正义的赞扬和对邪恶的谴责，既没有深度，也没有品位，我不希望从你这里也听到这样的说法，因为你是毕生致力于这个问题的人。我请求你，在辩论中不要仅证明正义好于非正义,也要证明二者本身各是什么,它们对于其各自的所有者甚至是对方有什么影响和作用,使得正义者被称为善良者,非正义者被称为邪恶者,不管神有没有在听。

> **苏格拉底:** 我素来钦佩格劳孔和阿德曼托斯的天赋和资质,但他们从来没有像今天一样将一个话题详细、系统地分析到如此地步。我听了之后非常高兴。

苏格拉底: 你们不愧为名父之子,格劳孔的一位朋友曾写过一首诗来歌颂你们在麦加拉战役中的赫赫战功,我记得开头几句是这样的:

阿里斯同之子,神圣的后裔,名不虚传。

对你们这样的形容真是再恰当不过了。你们不相信非正义比正义好,但又为非正义辩护得那么头头是道,简直有如神助。从你们的品格上判断,你们肯定不相信自己说的这番话。如果只是听你们的辩论,是会对你们产生怀疑,但是我越相信你们,越不知道该怎么办是好。我很为难。首先我对完成这项任务没有足够的信心,我对色拉叙马霍斯的答复证明正义优于非正义,而你们却说不相信或没有被说服,所以我觉得自己的能力有限。但只要我还能辩论，我就不会向着大家失望的方向发展。而且如果正义遭人诽谤，我却袖手旁观，就是得罪了诸神。看来我真的要挺身捍卫正义了。

第五章　智者对正义的定义

◆ →辩论者：苏格拉底/格劳孔 ◆

苏格拉底： 格劳孔啊，我们是时候要学习猎人了，猎人擅长将猎物包围在藏身处，然后将其抓获。"包围"的过程我们已经做过了，现在是"捕猎"的时候了。我们要密切注意正义，不能让它漏过去了。正义在哪里？它其实就在我们身边，请将眼睛睁大些，努力发现它，如果找到了，就赶紧告诉我。

格劳孔： 我希望能看到，但你还是把我看成是一个随从吧，只沿着你指的方向看东西。我能做的恐怕就只有这些了。

苏格拉底： 既然这样，你就跟着我来吧！

格劳孔： 你要走在我的前面，我跟着你。

苏格拉底： 这就像在一片漆黑中走路。

格劳孔： 是的，的确是一片黑暗，不容易寻找。

苏格拉底： 不管怎么样，我们都要前进！

格劳孔： 是的。

苏格拉底：（我似乎看见了什么）格劳孔！我想我找到它的踪迹了，我相信它肯定是逃不掉的。

格劳孔： 这个消息真令人高兴！

苏格拉底： 到现在我们才发现，我们真的是太愚蠢了。

格劳孔： 为什么？

苏格拉底： 我们刚才在谈论的时候，"正义"就一直在我们眼前晃来晃去，我们却将它忽视了，能说我们不笨吗？我们不看近在眼前的这个东西，却在远处到处瞎抓，这就是我们总是找不到它的原因。

格劳孔： 这是什么意思？

苏格拉底： 我是说，我们谈论了好长一会儿的正义，有好几次它就在眼前，但我们自己却始终不知道，以至于与它擦肩而过。

格劳孔： 是的，我们的开场确实太长了，到现在才言归正传。

苏格拉底： 那你听听我说得对不对。还记得我们在缔造理想国时，曾规定过一条总的原则——每个人必须在国家里执行一种最适合他天性的职务。我想这条原则或者这一类的某条原则本身就包括了正义。

格劳孔： 我们是这么说过。

苏格拉底： 我们还听许多人说过，自己也常常跟着说，正义就是只做自己的事而不兼做别人的事。

格劳孔： 是的。

苏格拉底： 那么，格劳孔，从某个角度上说，正义就是做自己的事。你知道我是从哪里得出这个结论的吗？

格劳孔： 不知道，请你告诉我。

苏格拉底： 我认为我们在讨论过智慧、勇敢和节制之后，国家中就只剩下正义这个本质了，就是能让智慧、勇敢、节制在国家中产生，并在产生之后一直维持着。我还认同过，如果在四种东西中找一个想要的，当找到了三种，剩下的就是我们最终要的。

格劳孔： 这是个很简单的道理。

苏格拉底： 但是如果有人要我从这四种品质中选择一种，以让我们的国家达到理想中的善，那我就不知道怎么办了。究竟是统治者和被统治者的意见一致呢？还是法律教给军人关于什么该怕什么不该怕的信念？或者是统治者的智慧和护卫？抑或体现在儿童、妇女、奴隶、自由人、工匠、统治者、被统治者身上的品质，即每个人都做自己分内的事情，不干涉别人分内的事呢？哪一个最有利于缔造一个理想的国家呢？这真是个难题。

格劳孔： 这的确是个难题。

苏格拉底： 我觉得似乎就是"每个人在国家内做自己分内的事"这个品质在使国家完善方面与智慧、节制、勇敢进行力量大小的比较。

格劳孔： 是的。

苏格拉底： 那么，剩余的三种为使国家变得完善而与选定的那种品质发生冲突，并且坚决斗争的德行算不算是正义呢？

格劳孔： 应该算。

苏格拉底： 我们不妨再换个角度来讨论一下这个话题，你是不是可以委托一个国家的国君来仲裁各种纠纷，审理法律案件？

格劳孔： 是的。

苏格拉底： 他们审理案件无非就是让每一位公民不抢掠他人的东西，也不让他人来占有自己的东西。除此之外，还有别的什么目的吗？

格劳孔： 没有了。

苏格拉底： 你认为这是正义的目的吗？

格劳孔： 是的。

苏格拉底： 这样一来，我们就可以达成一致的意见了：正义就是拥有自己的东西，只干自己的事情。对吗？

格劳孔： 对。

苏格拉底： 再请你考虑一下，让木匠做鞋匠的事，或者让鞋匠做木匠的事，或者让他们相互交换工具，甚至假设让同一个人兼做这两件事，对国家而言是利是弊呢？

格劳孔： 我认为即使有弊，危害也不会太大。

苏格拉底： 但是，一个人如果天生是一个手艺人或生意人，因他积累了很多财富，想跻身政界，或者想迁入立法阶层或国家守卫者阶层，甚至还想在军界有所作为，但他并不具备这方面的天赋和才能，只能用钱买官职，或者说有些人同时想担任这所有的职务，你觉得这样的情况会让一个国家走向毁灭吗？

格劳孔： 当然会走向毁灭。

苏格拉底： 因此，前面所讲的三种阶层之间如果相互干涉、相互代替、相互混淆，对国家来说是有弊无利的事情。

格劳孔： 我同意你的说法。

苏格拉底： 对自己的国家做有害的事情，是不是就是非正义？

格劳孔： 当然。

苏格拉底： 那么，这就是非正义。在相反的方面我们曾说，生意人、辅助者和守卫者这三个阶层的人在国内做各自的事情，互不干扰，就产生了正义，因此国家就成为真正正义的国家了。

格劳孔： 事情是这样的。

苏格拉底： 但我不认为正义的定义就应该这样被定下来。它如果在应用于个人时也能被承认是正义的定义，我们就承认它，因为那时已经没有任何理由怀疑了。如果不能应用于个人，我们就要另求别的正义。现在我还要继续正义的定义的讨论工作。之前，我们曾经达成了一致的意见，如果能在大方面找到一个具有真正意义的东西，就很容易看到正义在个人身上的样子。我们曾认为大方面指的就是国家，指我们能建立起的最好的国家。我们清楚地知道，最好的国家就是正义的化身。让我们把在国家中发现的东西应用于个人身上，如果两处所看到的是一致的，正义的定义就定下了。如果出现什么差异，我们就需要再回到国家里对其检验。将两处所见的放在一起加以比较，如果两者不同，就会相互摩擦出火花。我们可以从中体会到正义。当正义展示出来的时候，就要将它牢记在心。

格劳孔： 你提出了一个很好的程序，我们就应该这么办。

苏格拉底： 如果两个事物有一个相同的名称，但一个大一个小，你说它们是相同还是不相同？

格劳孔： 相同。

苏格拉底： 那么，仅就正义的概念而论，一个正义者和一个正义的国家是不是也没有区别？

格劳孔： 是的。

苏格拉底： 现在，国家里的这三种阶层的人各行其是，国家被认为是正义的。国家也因为他们表现的内在品质、情感和性格，被认为是智慧的、勇敢的和有节制的。

格劳孔： 是的。

苏格拉底： 那么，个人也是这样的。假定当个人在自己的灵魂里具有国家的原则，也就是说他受了同样的影响，他可以用描述国家的字眼被描述，对吗？

格劳孔： 对。

苏格拉底： 现在我们又遇见了一个要研究的问题：人的灵魂里是否有这三种品质？

格劳孔： 这个问题很值得研究，俗话说得好，"不入虎穴，焉得虎子。"

苏格拉底： 是的。格劳孔，说实话，我认为如果按我们现在这样的论证方法，是无论如何也弄不清楚这个问题的。要解决这个问题需要做出更多的尝试，走更多的路。但我们目前用的方法至少已经让问题得到一定程度的解决了。

格劳孔： 这就够了，从我的角度看，问题分析到现在这个程度，我已经很满意了。

苏格拉底： 在这方面我也很满意。

格劳孔： 但不要这么轻易就满足，你还要和我们一起继续研究下去。

苏格拉底： 是的，我正要往下说呢。我们每个人身上都具有和国家里的人一样的那几种品质和美德吗？当然，除非是个人，外城邦是不可能赞赏这些品质和美德的。假如有人认为，当国家中出现激情时，如果它被认为是像色雷斯人和西徐亚人等来自北方国家的品质是荒谬的，那么其他国家里出现热爱智慧（它被认为主要是属于我们自己领地的），或贪恋财富（在腓尼基人和埃及人那里都可以看到这种性格，而且他们彼此不相上下）时，也都应该认为这是由于公民个人具有这种品质使然的。

格劳孔： 说得对。

苏格拉底： 事实如此，我们理解起来一点也不困难。

格劳孔： 是的。

苏格拉底： 但如果有人进一步问：个人的品质究竟是分三个部分，还是一个整体呢？这个问题就很难回答了。具体来说，我们学习时在用自己的一部分，愤怒时用我们的另一部分，但满足我们的自然欲望时是用第三部分，还是在我们每一种活动中都是整个灵魂一起起作用的呢？这个确实很难回答。

格劳孔： 我与你的感觉一样。

苏格拉底： 那还是让我们来尝试着研究这个问题吧。我们首先要确定的是，它们究竟是同一个还是不同的几个东西。

格劳孔： 这要如何确定？

苏格拉底： 同一事物的同一部分关系着同一事物，但不能彼此在同时有相斥的作用，或受相斥的作用。因此，当同一事物里出现这种相反情况时，我们就可以断定，这不是同一事物，而是不同的事物在起作用。

格劳孔： 是的。

苏格拉底： 请注意我后面说的话。

格劳孔： 我正听着呢。

苏格拉底： 同一事物的同一部分可能既处于动态又处于静态吗？

格劳孔： 当然不能。

苏格拉底： 既然这样，我们还要将这个问题理解得更加明白一点，以免在今后的讨论中出现分歧。假如一个人站着不动，头和手在晃动，有人就会认为，这就是一个人既动又静的状态。但我却不认同这种说法，这个人是一部分动，一部分静。你说对吗？

格劳孔： 对。

苏格拉底： 如果有人还是要将这个问题继续争论下去，并打比方说，陀螺的尖端固定在一个地点转动着，整个陀螺既动又静，由此可推论出，凡是在同一地点旋转的物体也都可以这么说。我认为这种说法也是不对的。因为在这种情况下静止和运动着的不是事物的同一部分，我们应该说它们自身内有轴心的直线部分和另一圆周线部分。若着眼于直线部分，旋转物体是静止的，但前提是它们不向任何方向倾斜；如果着眼于圆周线，它们则是运动的；但如果转动的轴心线左右前后倾斜，那么旋转物体显然就谈不上静止了。

格劳孔： 是的。

苏格拉底： 那现在就没有什么能让我们糊涂了。"同一事物的同一部分关系着同一事物能够同时有相斥的作用或受相斥的作用"这样的观点，就不能再相信了。

格劳孔： 是不能再相信了。

苏格拉底： 但是我们还是要将这个问题说透彻。我们可以不必直接证明它是谬误，可以先假定它是谬误，然后在这样的假设下做出推论，但一定要记住的是，一旦发现假设不对，就要将所有由此引申出来的结论撤销。

格劳孔： 我们必须要这样做。

苏格拉底： 赞同和异议、求取和拒绝、吸引和排斥——不论是主动的还是被动的，诸如此类的东西都是彼此相反的，是吗？

格劳孔： 是的。

苏格拉底： 那么，干渴、饥饿以及一般所说的欲望，还有愿望和希望，你不把所有这些东西划归为刚才说的某一类里去吗？你不认为有所要求的那个人的灵魂正在求取他所要的东西，希望有某东西的人在吸引这个东西到自己身边来吗？再有，如果一个人要得到某一东西,他心里因渴望实现自己的要求,在愿望面前是不是会点头赞同?

格劳孔: 我是这样认为的。

苏格拉底: 那对不愿意、不喜欢和无要求,你有什么看法呢?我们是否要把它们划入拒绝和排斥?或将它们统统划入与所有前者相反的那一类里去?

格劳孔: 是要划入拒绝和排斥。

苏格拉底: 既然关于欲望的总体概念是对的,那么我们就不应该将欲望当作一个类。要说明这个问题,最具有说服力的例子就是我们刚才说的干渴与饥饿,是不是?

格劳孔: 是的。

苏格拉底: 这两种欲望是不是一个需要饮料,一个需要食物?

格劳孔: 是的。

苏格拉底: 那么,也就是说渴导致了人的灵魂对饮料的欲望,但除了饮料,我们还提到过别的没有?如有没有说明渴的人想要得到热饮料还是冷饮料?是多一点还是少一点?总的来说,就是有没有指明渴望得到何种饮料?但假设渴的同时伴有冷热,冷的时候便会要求热的饮料,热的时候就会要求冷的饮料。如果渴的程度大,那么需要的饮料就多;相反,渴的程度小,需要的饮料就少。是不是这样?单纯的渴的欲望是不会要求任何别的东西的,所要求的不外乎是渴本性所要求的东西,即饮料本身。同样,饥饿对事物的欲望也是这样的情况,是吗?

格劳孔： 是的。每一种欲望本身只要求得到自己本性所要求得到的东西，特定的欲望肯定也要得到特定的东西。

苏格拉底： 也许，有人会对这种说法提出质疑。没有人只要求饮料，而不要求好的饮料，只要求食物而不要求好的食物。因为所有的人都要好东西。所以渴的欲望，所要求的就是好的饮料，别的欲望也是如此。对这种反对意见，我们不能粗心大意，不能让他们把我们搞糊涂了。

格劳孔： 这个质疑不是没有道理的。

苏格拉底： 不过，我们应当认为：特定性质的东西关系着特定性质的相关者，本身的东西仅关系着本身的相关者。

格劳孔： 我开始不太理解你的意思了。

苏格拉底： 你应该知道，较大的东西是一个相关的名称。

格劳孔： 是的。

苏格拉底： 较大的东西和较小的东西相关吗？

格劳孔： 相关。

苏格拉底： 大得多的东西是不是关系着小得多的东西？

格劳孔： 是的。

苏格拉底： 某个时段较大的东西关系着某个时段较小的东西，将来较大的东西关系着将来较小的东西，是不是一样的道理？

格劳孔： 是一样的。

苏格拉底： 在这样的推论下，我们可以说，较多者关系着较少者，一倍者关系着一半者。与之相类似的还有：较快者关系着较慢者，较重者关系着较轻者。诸如此类的事物是不是都是这样的？

格劳孔： 是的。

苏格拉底： 那么，科学是不是也是同一个道理？仅科学本身就只是关于知识本身，或将别的无论什么都假定为科学对象的东西，但一门特定的科学是关于一种特定知识的。我的意思是说，比如既然有建房造屋的科学，它有别于别的科学，它是不是就被叫作建筑学？

格劳孔： 怎么会不是这样呢？

苏格拉底： 这是不是因为它有特定的、非其他任何科学所能有的性质？其的科学和技艺是不是也是如此？

格劳孔： 是的。

苏格拉底： 既然你明白我的意思，那你也肯定知道，我前面所说的那些关于种种相对关系的话，其初衷就在这里。我曾说过，本身的东西关系着本身的东西，特定性质的东西也关系着特定性质的东西。但我却没有说关系着什么事物就和这一事物是同类，以至于牵强地将健康和疾病的科学说成是健康的科学和有病的科学，将邪恶和美德的科学说成是丑恶的科学和美好的科学。我绝没有这个意思。我的意思是，当科学不再是关于一般科学对象的，而是关于特定对象的，如关于疾病和健康的科学时，它就成了某种科学，不再是单纯的科学，而被称为特定的科学，即"医学"。

格劳孔： 我明白你的意思，我也是这样想的。

苏格拉底： 再回过头来说一下渴，你认为渴是属于本质上就有相关事物的东西之一吗？它无疑关系着某种事物。

格劳孔： 是的，它关系着饮料。

苏格拉底： 那么，饮料若是特定种类的，渴就也是特定种类的，但与渴单纯自身相关的饮料的多少和好坏并不存在本质上的联系。总之，不管饮料是什么样的，单纯渴自身自然仅单纯地关系着饮料本身。

格劳孔： 毫无疑问。

苏格拉底： 所以，渴的灵魂如果仅仅是渴，那它想要的就没有别的，仅仅是饮料，并极为想要得到它。

格劳孔： 是的，渴关系着对饮料的期待。

苏格拉底： 如果一个人非常渴，但有人拉着他，不让他喝饮料，那这个必定是另外的东西，且不同于那个像牵着牲畜一样牵着他去喝的东西，不是吗？这我们在前面也说过，同类事物的相同部分在同类事情上不能同时有相斥的作用。

格劳孔： 是的。

苏格拉底： 所以，如果描述一个射箭者，我们不能说他的手既拉弓又推弓，而应该说，他的一只手推弓，另一只手拉弓。

格劳孔： 的确如此。

苏格拉底： 我可以说一个人很渴但不想喝饮料吗？

格劳孔： 这种事情是存在的。

苏格拉底： 我们应该怎样看待这样的事呢？能不能理解为他人的灵魂中有两个不同的东西，一个同意他喝，另一个阻止他喝，但阻止的力量要大？

格劳孔： 能。

苏格拉底： 但是这种阻止的动机是出于理性，可能涉及情感和疾病，你说是吗？

格劳孔： 显然是这样的。

苏格拉底： 由此我们很有理由假定，事物分为两个不同的方面：一方面用思考推理的，可以称之为灵魂的理性部分；另一方面受人的感觉，如爱、饿、渴等物欲左右，可以称之为心灵的无理性部分或欲望部分，也可称它们为满足和快乐的伙伴。

格劳孔： 这个假定是有道理的。

苏格拉底： 既然确定了人的灵魂中确实存在着这两种东西，我们再来讨论一下激情。它常让我们感到不快，你认为它应该属于上述两者之外的第三种东西，还是与其中之一同种呢？

格劳孔： 我认为是其中之一，它与欲望同种。

苏格拉底： 但曾经有一个故事让我一直努力相信它是真的。这个故事是这样的：阿格莱翁之子勒翁提俄斯从比雷埃夫斯进城的时候，在北城墙下发现刑场上躺着几具尸体，他既想看看，但内心又觉得害怕，本想闷头闯过去，但最后还是屈服于欲望的力量。他张大眼睛，冲到尸体跟前，边看边骂："看吧！看吧！将这美景看个够吧！"

格劳孔： 我听说过这个故事。

苏格拉底： 这个故事告诉我们，作为欲望之外的东西，愤怒有时会与欲望发生冲突。

格劳孔： 是有这个寓意。

苏格拉底： 其实，像这样的事情还是比较多见的。当一个人的欲望超过了他的理智，他就会对自己生气，并痛骂自己。用这种现象描述两个政治派别之间的斗争非常恰当。人的激情是理智的盟友，若激情站到欲望一边，自然会遭到理智的反对，但激情离开了理智，就为欲望服务了。你大概不会承认这样的事情曾经在你的身上发生过，我也不希望在其他任何人的身上见到。

格劳孔： 是的，我真不曾有过。

苏格拉底： 我还可以假定一个人若承认自己有错，那他就是高贵的，他对自己所受到的饥寒及任何可能由他人造成的痛苦，都认为是可以原谅的。他越这样做，就越不会愤怒。我认为这是他的情感拒绝被激发起来反对这些。我这样说，对吗？

格劳孔： 对。

苏格拉底： 但假如一个人认为自己受到了不公正的待遇，他会怎样做呢？他会因为情感激动而愤怒，并将其加入自认为的正义一方作战，而且还会因为受到的饥寒及其他诸如此类的痛苦，而更加坚决地争取胜利。他的灵魂一直不会平静下来，直到杀死对方或被对方杀死，或者听到了理智的呼声而停战，就像狗听到主人的呵斥而停止吠叫一样，是不是？

格劳孔： 你的比喻很贴切。这让我想到了国家的辅助者，他们像狗一样听命于统治者，而统治者就是城邦的主人。

苏格拉底： 我认为你对我说的话理解得很透彻，但你注意到关键的一点了吗？

格劳孔： 哪一点？

苏格拉底： 我现在对激情的看法正好与刚才的印象相反。我们刚才曾假定它是欲望的一种，而现在，在灵魂的分歧中，它更愿意站在理性的一边。

格劳孔： 是的。

苏格拉底： 那么，它与理性是相同的吗？或者说它只是理性的一种，因此在灵魂里只有理性和欲望两种东西而不是三种？或者还是说，像组成国家的有生意人、辅助者和守卫者三等人一样，灵魂里也有第三者——激情（它是理智的天然辅助者，如果不被坏教育所败坏的话）？

格劳孔： 我认为应该有第三者。

苏格拉底： 像我们曾证明它是不同于欲望的另一种东西一样，如果它也能被证明是不同于理性的另一种东西，那就可以这样说了。

格劳孔： 做出这样的证明并不难。小孩在一出生就充满了激情，大多数孩子能在长大后使用理智，而有的孩子却从未见他们使用过理智。

苏格拉底： 确实是这样，激情存在的这种现象不仅发生在人的身上，也可能会发生在野兽的身上。除我们举过的例子之外，还能引用荷马的一句诗来证明，那就是"捶胸叩心为自责"。荷马这句诗说的是，判断好坏的理智是一个东西，它在责备那个没有理智而又主管愤怒的器官，而愤怒被当作另一个东西。

格劳孔： 说得很对。

苏格拉底： 经过一番跋山涉水的努力，我们终于到达了目的地，取得了相当一致的共识：在国家里存在的东西在每一个人的灵魂里也存在着，且数目相同。

格劳孔： 是的。

苏格拉底： 那么，现在我们可以谈下一个一致的结论了。个人的智慧和国家的智慧是同样的智慧，个人应该拥有的智慧品质和国家应该拥有的智慧品质是同一品质。

格劳孔： 是可以做出这样的结论。

苏格拉底： 以此类推，还可以做出以下推论：个人的勇敢和国家的勇敢是同样的勇敢，个人应拥有的勇敢品质和国家应拥有的勇敢品质相同；其他所有的美德，个人和国家之间也都有这样的关系。

格劳孔： 是的。

苏格拉底： 因此，格劳孔，我们可以说，用于衡量一个国家正义的标准，也同样适合于衡量个人。

格劳孔： 这是必然的。

苏格拉底： 但我们可不能忘了，正义的国家中有三种人在国家里各行其是。

格劳孔： 是的，我们不能忘。

苏格拉底： 我们还要记住，如果每个人都不违背自身的品质，各行其是，那他们就是正义的。

格劳孔： 是的，我们也要记住这一点。

苏格拉底： 既然理智是智慧的，是为整个灵魂的利益谋划的，我们是不是应该接受理智的领导？激情应不应该服从和协助它？

格劳孔： 应该。

苏格拉底： 所以，就像我们说过的那样，音乐和德育的协同作用会使理智和激情得到良好的协调。音乐用和谐的韵律使激情变得温和平稳而文明，而德育则用优美的言辞和进步的教育来培养和增强人的理智。

格劳孔： 是的。

苏格拉底： 理智和激情得到了良好的培养和教育，让人们更加本分，它们也就占据了人的灵魂最大部分的欲望，监视人类贪婪的本性，以免欲望和贪恋充斥肉体，使人们不再恪守本分，企图控制那些它们不应该控制的东西，从而让人的生命失去了意义。

格劳孔： 完全正确。

苏格拉底： 那么，如果让它们联合在一起，一个出谋划策，一个在策划者的领导下为完成目标而奋勇作战，保卫整个灵魂和身体不受到"外敌"的侵犯，岂不快哉？

格劳孔： 是的。

苏格拉底： 所以我认为，如果一个人的激情不受快乐和痛苦左右，无论何时都坚持理智所教的有关什么该怕什么不该怕的信条，那么我们就可完全因为他有这样的激情而称其为勇敢者。

格劳孔： 是的。

苏格拉底： 我们还能将一个人身上所有的这种信条合理地分解成前面所说的三个小部分，并使各部分能分享到利益，而称他为一个有智慧的人。

格劳孔： 对的。

苏格拉底： 如果这三个部分之间友好和谐，理智在其中起领导作用，其他两部分都和睦地相处，这样的人是不是很有节制？

格劳孔： 是的，国家、个人都需要这样的节制。

苏格拉底： 我们已经一再说明过，一个人具备什么样的品质才能算是一个正义的人。

格劳孔： 是的。

苏格拉底： 个人的正义形象在我们心目中好像还有点模糊，好像与国家无关，倒像是别的什么东西。

格劳孔： 我不认为是这样。

苏格拉底： 这就对了。如果我们对这个定义还有什么疑问的话，只需要用一些很平常的事例就可以充分证明我们所说的没有错。

格劳孔： 你说的平常事例是什么样的？

苏格拉底： 你是否相信一个有正义教养的人？如果你把金银财宝交给他保管，他会侵吞或盗用吗？你觉得是这样的人值得相信，还是非正义的人值得相信？

格劳孔： 当然是正义的人更可信。

苏格拉底： 你觉得这样的人会偷窃财物，在私人关系中出卖朋友，在政治生活中背叛祖国吗？

格劳孔： 当然不会。

苏格拉底： 这样的人是不是也不会不信守誓言或其他协约？

格劳孔： 是的。

苏格拉底： 这样的人是不是更不会通奸、不尊敬父母、不履行宗教义务？

格劳孔： 当然。

苏格拉底： 这一切都是因为他灵魂的各部分各尽其职，不管是领导的还是被领导的。

格劳孔： 正是。

苏格拉底： 现在，除了能使人与国家变成正义者和正义国家的这种品质之外，你还想再找其他正义的东西吗？

格劳孔： 说实话，我真不想再找了。

苏格拉底： 到目前为止，我想我们的目的已经实现了。我们在建立这个国家之初，因为巧合，我认为我们已找到了正义的根本定义，而且至此为止，也得到了证实。

格劳孔： 似乎是这样的。

苏格拉底： 格劳孔，我又要重述那句话了。木匠干木匠的事，鞋匠做鞋匠的事，其他人也都各尽所能，发挥应有的作用，不掺和别人的事。这种正确的分工就包括了正义的含义。我们能不能将这种分工视为正义的定义呢？

格劳孔： 显然是这样。

苏格拉底： 但就像我们之前探讨的那样，正义不只是外在的"各做各的事"，还是关于内在的，即关于真正本身的事情。也就是说，正义者将自己灵魂的各个部分加以协调，就好像是让音乐中高音、低音、中音以及其间的各音阶加以协调，形成和弦一样，让各部分组成一个和谐的整体。于是，当一个人在做一件事时，不论是做生意、锻炼身体，还是从事政治事务，他都会将事情做得很好，而且对自己所做的任何一件事都充满了自信。在做所有事情的过程中，他相信凡是保持和符合这种和谐状态的行为都是正义的行为，指导这种和谐状态的正是人的知识和智慧，而将指导起破坏作用的不正义的行为的意见称为愚昧无知。

格劳孔： 苏格拉底，你说得非常对。

苏格拉底： 如果我们确定我们已经找到了正义者和正义的国家，以及它们的正义是什么样的，那么我敢说我们现在得出的结论定是正确的。

格劳孔： 是的，你没说错。

苏格拉底： 那么就这样定下来了？

格劳孔： 就这么定下来吧。有关正义的问题就到此为止，下面我们还要研究一下非正义。

苏格拉底： 说到底，非正义就是三部分之间相互干涉，相互争斗，各部分各自为政，都想充当统治者。但是奴隶就是奴隶，是做不好主人的。我们所说的非正义就是这种不知好歹的东西。非正义就是无知、懦弱、不节制。总之，一切的邪恶，就是灵魂三部分的混淆和迷失。

格劳孔： 就是这个道理。

苏格拉底： 假如正义和非正义如上所述，那人们所说的非正义的事、非正义的决定等的含义不就同样清楚了吗？

格劳孔： 这话怎么说？

苏格拉底： 因为它们与健康和疾病完全相同，不同之处在于后者是肉体上的，前者是灵魂上的。

格劳孔： 这我就有点不理解了。

苏格拉底： 健康的身体是内部健康造成的，而不健康的身体是内部的疾病引起的。

格劳孔： 是的。

苏格拉底： 正义和非正义正是这样的。做正义的事在内部造成正义，做非正义的事在内部造成非正义。

格劳孔： 是的，这叫作同理定律。

苏格拉底： 健康的身体源于身体内部统治部分和被统治部分的自然结合，疾病则源于身体内部统治部分与被统治部分出现混淆。

格劳孔： 是这样。

苏格拉底： 正义同样源于灵魂中统治部分和被统治部分的自然结合，而非正义则源于灵魂中统治部分和被统治部分的混淆。

格劳孔： 的确是这样。

苏格拉底： 美德是一种灵魂的健康，美丽而又坚忍不拔；而邪恶是一种灵魂的疾病，丑陋而又软弱无力。

格劳孔： 是的。

苏格拉底： 事实也是这样，多做好事能养成美德，而多做丑事则能养成邪恶。

格劳孔： 必然是这样。

苏格拉底： 至此，我们就剩一个问题没有讨论了，即做正义者，多做正义的事值得，还是做非正义者，多做非正义的事更值得？

格劳孔： 天哪！苏格拉底，我现在怎么觉得它是一个十分可笑的问题了。因为如果一个人的身体本质上已经破坏和灭亡，即使让他拥有一切食物、饮料、财富和权力，对一个等同于死了的人来说，这还有什么价值呢？非正义的人即使能做所有想做的事，为所欲为，但不能摆脱邪恶，就不能赢得正义和美德。

苏格拉底： 看来，这个问题是变得可笑了。

下卷

对国民与民生的探讨

第一章　论对城邦守卫者的教育

◆ →辩论者：苏格拉底/格劳孔/阿德曼托斯 ◆

苏格拉底：我们的对话进行到此，突然感到有点困惑，于是开始回想以前说过的话。

苏格拉底： 我的朋友啊，现在我觉得有点糊涂了，不过我们可以再回顾一下刚才的话。我觉得我们刚才已经制造了一个反面的典型，但现在竟然无法自圆其说。

格劳孔： 我不理解你的意思。

苏格拉底： 我们原本认为人不能同时具有两种相反的禀赋，但现在看来这样的人是存在的。

格劳孔： 存在？那在哪儿可以找到？

苏格拉底： 我们可以在动物身上找到，与护卫者相比拟的动物——狗就是一个很好的例子。我们都知道，狗总是对熟人非常温和，对陌生人却恰恰相反。

格劳孔： 是的，我知道。

苏格拉底： 那么，看来找一个性格刚烈与温和于一身的守卫者不是不可能的。

格劳孔： 看来是这样的。

苏格拉底： 我们对守卫者的要求除了刚才所说的那些刚强的素质外，是不是还要爱好智慧，具有哲学家的素质。

格劳孔： 为什么？我又不明白你的意思了。

苏格拉底： 我认为，所说的这种智慧在狗的身上就能反映出来。能在狗身上体现出来的智慧，在其他动物的身上也能体现出来，兽类能这样，真是令人惊奇。

格劳孔： 是什么样的智慧？

苏格拉底： 狗一见陌生人就狂吠，尽管他们没有对它造成伤害；看见熟人就摇尾欢迎，尽管他们没有给它什么好处。你不觉得这些事情很奇怪吗？

格劳孔： 之前我从没注意过这种事情，但我认同你的观点。

苏格拉底： 狗这种机灵天性的精细之处，就是对智慧的一种体现，它可称得上是一个哲学家。

格劳孔： 为什么要这样说呢？

苏格拉底： 因为狗可以分辨敌友——不认识的是敌，认识的是友。狗通过熟悉和不熟悉来分辨好坏，由此我认为狗是会学习、爱学习的。

格劳孔： 是的。

苏格拉底： 你认为爱学习和爱智慧是一件事情吗？

格劳孔： 是一件事。

苏格拉底： 狗可以做到的事情，人类当然也可以做到。一个人对自己的朋友和熟人温和，他的天性也定是喜爱智慧和知识的。你觉得这种说法对吗？

格劳孔： 我认为是对的。

苏格拉底： 那么，一个真正善的城邦守卫者，是不是需要智慧、刚烈、敏锐和力量的结合？

格劳孔： 这毫无疑问。

苏格拉底： 这样，我们就算是找到了守卫者的天性基础了。但我们该如何去训练和教育这些有资质的守卫者呢？我们探究这个问题是不是能帮助我们弄清楚整个探究的目标呢？我最终探究的目标是正义和非正义是如何在城邦中产生的。我们既要讨论得充分，也不能把讨论拖得太长，使人生厌。

阿德曼托斯： 我也希望我们谈及的问题能有助于我们接近最终要寻找的目标。

苏格拉底： 亲爱的阿德曼托斯，我们一定不要放弃这个讨论，即使时间长了一点，也要有足够的耐心。

阿德曼托斯： 是的，不能放弃。

苏格拉底： 现在，让我们来讨论怎样教育守卫者的问题吧。不妨以讲故事的形式来进行，你觉得可以吗？

阿德曼托斯： 可以。

苏格拉底： 他们接受的教育要包括什么呢？似乎很难找到比我们早已发现的那种教育更好的教育。这种教育大概有两个部分：一部分是通过体操来训练身体；另一部分是通过音乐来陶冶心灵。

阿德曼托斯： 这是不错的方法。

苏格拉底： 这两部分是不是要分一下顺序，先教音乐后教体操，行不行？

阿德曼托斯： 行。

苏格拉底： 音乐是不是也应该包括文学和故事？

阿德曼托斯： 是的。

苏格拉底： 文学和故事是不是有两种——一种是真的，一种是假的？

阿德曼托斯： 是的。

苏格拉底： 在教育中，我们应该先用真的，还是先用假的？

阿德曼托斯： 我不理解你的意思。

苏格拉底： 你应该知道，我们的教育就好像是从给小孩讲故事开始的。故事是虚构的，整体来说是假的，但其中也有真实。在让他们接受体操训练之前，我们先用故事来教育孩子们。

阿德曼托斯： 我知道。

苏格拉底： 这就是我所说的音乐教育在体操教育之前的意思。

阿德曼托斯： 非常正确。

苏格拉底： 你也应该知道，万事开头难，教育的初始十分重要，对那些尚未定型的孩子来说尤其重要。在生物的初级阶段，你想把他塑造成什么样，他就会成什么样。

阿德曼托斯： 是的。

苏格拉底： 那么，我们能不能让孩子们听那些不相干的人讲不相干的故事，使他们接受许多他们在成年之后才要接触的东西？

阿德曼托斯： 当然不能。

苏格拉底： 这样看来，我们首先要制定一个审查制度，审查故事的编者，让他们编出好的故事，而不是坏的。我们还要鼓励母亲和保姆给孩子们讲那些已经通过审查的故事，让这些故事塑造他们的心灵，比用手塑造孩子的身体更有利于孩子的身心健康。从这方面讲，我们现在讲的故事大部分应该被抛弃。

阿德曼托斯： 哪些故事应该被抛弃？

苏格拉底： 故事也能小中见大，我想故事不论大小，类型总是一样的，产生的影响也会是一样的，你说是吗？

阿德曼托斯： 是的。但我还不知道你所说的故事指的是哪些。

苏格拉底： 指赫西俄德、荷马之类的诗人，以及历史上最伟大的故事家编造的假故事。

阿德曼托斯： 你在他们的作品中发现了哪些问题？

苏格拉底： 他们作品中最严重的问题是丑陋的谎言。

阿德曼托斯： 能具体地说一下吗？

苏格拉底： 他们在作品中对诸神和英雄的本性做出了错误的描绘，就像是一个画家没有画出他所要画的对象一样。

阿德曼托斯： 你能举出例子来说明问题吗？

苏格拉底： 首先，最荒唐的是将最伟大的神描写得丑恶不堪。

如大诗人赫西俄德笔下的乌拉诺斯的行为，以及克洛诺斯对他的报复行为。克洛诺斯已经十恶不赦，他的儿子更是有过之而无不及。即使这些是真的，也不应该随便讲给尚未定型的孩子和年轻人听。如果非讲不可的话，也要有目的、有针对性地对极少数的人讲。比如在宣讲之前要先行献牲，牲畜不能是一只普通的猪，而应是一种难以弄到的庞然大物，这样听故事的人就会很少了。

阿德曼托斯： 是的，这样的故事是很可恨。

苏格拉底： 阿德曼托斯，我们不应该让这样的故事在城邦里流传，因为这会让年轻人产生这样的一种观念：当他犯下不可饶恕的大罪时，他的内心还留有一种莫名的心安理得，认为别人甚至是他的父亲对他的指责都是大惊小怪，因为他认为无论自己做错了什么，都是在遵循诸神的旨意。

阿德曼托斯： 天哪！我个人认为这种事情是不应该的。

苏格拉底： 绝不能让年轻人听诸神之间明争暗斗的事情，因为这不是真的。我们希望将来的守卫者能将彼此之间钩心斗角、耍弄诡计当成一种奇耻大辱。那么，我们更不应将诸神或英雄们与他们的亲友之间的矛盾作为故事和刺绣的题材。应该使年轻人相信城邦的公民之间从来没有任何争执，如果有的话就是犯罪，老人们都应该这样对孩子们说。我们还必须强迫诗人按这个意思去写作。关于赫拉如何被儿子绑架，或宙斯如何将他赶走，以及他去援救的时候如何被他的父亲从天上摔到地下，还有《荷马史诗》中诸神间的战争等故事都应该从我们的教育大纲中剔除，不论这些故事是不是有隐含寓意。因为年轻人分辨不出什么是寓意，什么不是寓意。人们头脑中接受的东西都是根深蒂固很难遗忘的，所以，为了培养美德，孩子们应该在早期教育中就接受美好道德的熏陶。

阿德曼托斯： 说得很有道理。但这些故事具体是指哪些呢？

苏格拉底： 阿德曼托斯先生，我不是作为诗人，而是作为城邦的缔造者在这里发言。国家的缔造者应当知道诗人写作的一般形式，我们应该给他们制定出一定的写作限度，让他们写出合乎规范的作品，而不是缔造者亲自动手写作。

阿德曼托斯： 是的。那你认为应该给他们什么样的写作限制？

苏格拉底： 大体是这样的：他们要写出诸神的本质，无论是通过文章还是史诗、抒情诗，抑或悲剧诗，都应该表达得恰如其分。

阿德曼托斯： 是应该这样描写。

苏格拉底： 诸神是不是要从善的方面去表现？

阿德曼托斯： 当然。

苏格拉底： 善事会造成痛苦或伤害吗？

阿德曼托斯： 不会。

苏格拉底： 没有害的东西会不会做出坏事？

阿德曼托斯： 不会。

苏格拉底： 不干坏事是不是就不会产生邪恶？

阿德曼托斯： 是的。

苏格拉底： 善的东西是不是有益的？

阿德曼托斯： 当然是。

苏格拉底： 善事做多了是不是让生活更美好？

阿德曼托斯： 对。

苏格拉底： 但善事未必是一切事物的原因，而是好事的原因，不是坏事的原因。

阿德曼托斯： 是的。

苏格拉底： 既然这样，神是善者，那他不像多数人说的那样，是所有事物的原因，而仅是一些好事的原因，而且还不是人所经历的大多数好事的原因。人的生命中，善事是少数的，恶事是大多数，善事应该归于诸神，恶事应该到别处去找，不应该在神那里找。

阿德曼托斯： 你说得再正确不过了。

苏格拉底： 那么，我们就不能接受荷马或其他诗人有关诸神的错误说法了。如荷马曾说：

宙斯大堂有两只铜壶，
壶中装满了两种不同的命运，
其中一只是好运，另外一只是厄运。
宙斯将这两只铜壶给了谁，
谁的命运就变化莫测，

时而遭受灾难，时而红运当头。
若宙斯将装有好运的壶收起，将装有厄运的壶给了谁，谁就会遭受灾难，漂泊一生。

我们再也不要去相信宙斯支配命运的说法：祸福变化全由宙斯做主。
如果有人说，潘德罗斯违背誓言、破坏停战，是受雅典娜和宙斯的怂恿，这我是绝不同意的。我也不相信诸神之间的争执和分裂是受宙斯和泰米斯作弄的无稽之谈。我们不能让年轻人相信埃斯库洛斯所说的：

神要是想毁灭一个家庭，就在人与人之间降下罪恶。

如果描述尼俄珀的受难——埃斯库洛斯曾用抑扬的韵律诗对其进行描写，或者普罗普斯家族的故事，或者特洛伊城的战争，又或者其他题材的传说故事，我们一定要禁止他们把这些事说成是神的旨意。如果真要这么说，就要说出一定的理由，这样才能有助于找寻真理。他们应该说神做的是合乎人间意愿的事，神是公正的、正确的，这能使那些受到惩罚的人从中得到益处。无论如何也不能让诗人把被惩罚者的生活形容得悲惨，说是神要他们这样的。但可以让神说邪恶的人日子难过，说他们该受惩罚。如果有人说，神本身是善的，却将灾难降于人间，这也是要迎头痛击的。因为在制度良好的国家里，任何人听到消极的言论都会造成不安定的因素。亵渎神灵的话对我们是有害的，并且在理论上也是自相矛盾的。

阿德曼托斯：我同意你说的这项规定。

苏格拉底：很好。这将成为我们有关诸神的法律之一，或若干标准之一。诗人和传播者要在这个标准之下完成作品。诗要在这样的标准下完成：神是善的原因，但不是一切事物的缔造者。

阿德曼托斯：非常好。

苏格拉底：你对神有什么看法？你认为神是一个魔术师吗？能按自己的意图显示出自己的形象，他有时会改变容貌，蛊惑世人吗？还是说，神始终不失他的本相呢？

阿德曼托斯：我一时间不知道该如何回答你的问题。

苏格拉底：那好好想想吧。如果事物的本相发生了改变，那你觉得这个东西还是原来的东西吗？

阿德曼托斯：必然不是原来的了。

苏格拉底：在最好状态下的事物，最不容易受别的事物的影响而发生改变。比如最健康、最强壮的人或动植物都不容易受周围环境的影响而发生改变。

阿德曼托斯：怎么会不是这样呢？

苏格拉底：心灵不也是这样的吗？最勇敢、最智慧的心灵最不容易被任何外界环境影响。

阿德曼托斯：是的。

苏格拉底：以此推论，这个道理还适用于其他很多事物，如家具、房屋、衣服等，如果它们的质地非常好，制作得非常精美，那就不会轻易受时间或其他因素的影响了。

阿德曼托斯：是的。

苏格拉底：那么，世界上的一切事物都是这样的，只要是最好的，不管是天然的还是人工的，或者是二者兼有，都最不容易受到周围环境的改变。

阿德曼托斯：是这样的。

苏格拉底：神和一切属于神的事物，是不是最好的？

阿德曼托斯：是最好的。

苏格拉底：这就是说，神是不会出现许多形和相的。

阿德曼托斯：确实不会。

苏格拉底：那神能自己改变自己吗？

阿德曼托斯：神如果能发生改变，也是自己改变自己的，其他人没有这样的本事。

苏格拉底：如果神发生改变，是会变得更好还是变坏呢？

阿德曼托斯：他只有变坏。因为我们一开始就说了，神是完美的，我想象不出他有什么样的欠缺。

苏格拉底：你说得太对了。但话又说回来，阿德曼托斯，你认为不论是神还是人，有谁希望自己变得更坏呢？

阿德曼托斯：没有人。

苏格拉底： 那么，神要改变自己也是不可能的了，因为神已经是最完美、最善良的了。

阿德曼托斯： 这是一个必然的结论。

苏格拉底： 因此，我们就不应该允许任何诗人对我们说：诸神乔装来异乡，变形幻影访城邦。也不允许任何人讲普罗提斯和塞蒂斯的谎话，或在任何悲剧和诗篇里将赫拉描述成四处乞讨的女祭司。不但我们要这样做，还要阻止母亲和保姆们这么做，人们不讲这样的荒唐故事，就不会把孩子们吓坏，也维护了诸神的名声。

阿德曼托斯： 是的，绝不能这样做。

苏格拉底： 虽然神本身不能改变，但是他们难道就不会想出别的主意？如他们会不会给我们幻象，让我们看到他们在光怪陆离的形式之中？

阿德曼托斯： 有这样的可能。

苏格拉底： 诸神会对我们说谎吗？

阿德曼托斯： 我不知道。

苏格拉底： 如果谎言真的能达到欺骗的目的，那岂不是人神共愤？

阿德曼托斯： 我又不明白你的意思了。

苏格拉底： 任何人都不愿意受到欺骗，也不愿意自己最珍贵的东西受到欺骗。我的意思就是，任何人都不能容忍谎言。

阿德曼托斯： 我还是不懂。

苏格拉底： 这是因为你以为我的话有什么重要含义，其实我只是针对欺骗。是不是任何人都讨厌和憎恨自己最珍贵的部分和灵魂上最高贵的东西受到欺骗？

阿德曼托斯： 是的。

苏格拉底： 受骗者把心灵上的无知说成是真的谎言是完全正确的，因为嘴上说的谎言只不过是心灵状态上的一个副本，仅仅是形象，而不是欺骗本身和真的谎言。

阿德曼托斯： 是这样。

苏格拉底： 真的谎言是不是人和神都厌恶的？

阿德曼托斯： 是。

苏格拉底： 不过，用语言构筑的谎言，在一些情况下还是有用的，因此不是那么可恨。不论是敌人还是朋友，他告诉我们他得了病或者那仅是他的某种幻觉，这时的谎言对他是很有用的。我们刚才谈到的神话故事就有以假乱真的嫌疑，我们谁也不清楚神话的真正来历，只能尽全力让眼前的谎言变得真实。

阿德曼托斯： 只能这样做。

苏格拉底： 那么，神是不是也是这样的？会不会他们也不知道古代的事情，所以要将假的事情弄得和真的一样？

阿德曼托斯： 这真是一个荒唐的说法。

苏格拉底： 那神与神之间会出现彼此说谎的情形吗？

阿德曼托斯： 我想不会。

苏格拉底： 神会因为害怕敌人而说谎吗？

阿德曼托斯： 绝对不会。

苏格拉底： 神会因为朋友无知或失去理智而说谎吗？

阿德曼托斯： 不会，神是不会和无知或失去理智的人交朋友的。

苏格拉底： 这就是说神没有说谎的动机。

阿德曼托斯： 是没有。

苏格拉底： 因此，我们有足够的理由说，心灵和神性都没有虚伪之处。

阿德曼托斯： 是的。

苏格拉底： 那么，神的言行都是完全真实的，神不会改变自己，也不会耍把戏来欺骗百姓。

阿德曼托斯： 听你说话，我认为是这样的。

苏格拉底： 那你同意不同意还要有这样一个标准：不管是讲故事还是写诗歌，只要涉及神圣的东西，就不能把他们描写成魔术师一般。因为神不会在言行方面欺骗百姓。

阿德曼托斯： 我同意。

苏格拉底： 那么，荷马的作品中有许多值得赞美的东西，但也有我们不能称赞的，这就是宙斯托梦给阿伽门农的说法。我们也不能赞美埃斯库洛斯诗歌中赛提斯在婚礼上对阿波罗唱的歌：

福寿双全，子孙昌盛，
无病无灾，世代得志，

当众宣告，胜利功成。

她对大家唱道：

这是阿波罗神的旨意，
不欺不诈，信以为真。
但现在终于明白，杀死我儿子的是神，
既然神都是虚伪的，何况是人道天伦。

任何诗人说这样的话诽谤神灵都会引起我们的愤怒。这种诗即使得到广泛传播，也不会得到人们的共鸣。当然，我们也不会让教育者对学生们提及这些。我的意思是，我们的城邦守卫者必须有自己的人格，要成为神真正的信仰者。

阿德曼托斯： 我完全同意你的说法，希望这些能成为我们国家的法律。

第二章　理想国的品质
——智慧、勇敢、节制、正义

◆ →辩论者：苏格拉底/格劳孔 ◆

苏格拉底： 说了这么长时间，正义去哪儿了？格劳孔，现在我们的城邦已经可以说是建立起来了，可以居住了。接下来的事就是要有足够的灯光来照明，便于自己、兄弟，以及朋友们去寻找在这个国家和城邦里什么地方有正义，什么地方有非义，两者之间又有什么区别，以及那些渴望得到幸福的人须是正义的还是非正义的，不论诸神知道还是不知道。

格劳孔： 这是废话，你曾答应我们要亲自寻找正义，还曾说，如果你不想尽一切办法帮助正义，就是不虔敬的人。

苏格拉底： 我是这样说过，但你也应助我一臂之力。

格劳孔： 我愿意帮你的忙。

苏格拉底： 我希望用以下的方法寻找它，那就是先假设我们的国家已经正确地建立起来了，它应该是完美的。

格劳孔： 这是当然。

苏格拉底： 既然国家是完美的，那它一定是智慧的、勇敢的、节制的和正义的。

格劳孔： 是的。

苏格拉底： 如果我们在国家中找到这些性质中的其中一个品质，那么没找到的就是剩下的几种品质了，对吗？

格劳孔： 这肯定是对的。

苏格拉底： 这就像是有另外的四种东西，我们需要从中找到一样我需要的东西，而我们一开始便找到了它，当然很好。但如果我们找到的是另外三个，并确定它们不是，那剩下的那个就是我们要找的那一个了。

格劳孔： 说得对。

苏格拉底： 既然我们现在也面临同样的情况，是不是也可以用这样的方法？

格劳孔： 当然可以。

苏格拉底： 我们在国家中清楚地看到的是智慧，而它有一些奇特之处。

格劳孔： 有什么奇特之处？

苏格拉底： 我觉得我们描述的这个国家的确是智慧的，因为它具有很好的谋划，是这样吗？

格劳孔： 是的。

苏格拉底： 好的谋划本身显然是一种知识，所以有好的谋划，就是有知识。

格劳孔： 是的。

苏格拉底： 理想的国家里一般有着多种多样的知识吧？

格劳孔： 当然。

苏格拉底： 那么，一个国家之所以被称为有智慧、有谋划，是不是由于国家中木匠有好的技艺？

格劳孔： 绝对不是。这只能说明这个国家的木器制造业发达。

苏格拉底： 因此，一个国家不能因为有发达的木器制造业，而被看作是强大的，也不能因为这样而称国家是智慧的。

格劳孔： 当然不能。

苏格拉底： 那么，也不能因为国家有发达的铜器制造业或其他这一类东西而被称为有智慧。

格劳孔： 是的。

苏格拉底： 我想，也不能仅凭农业生产的知识，因为它只能让农业有发达之名。

格劳孔： 对，这是同样的道理。

苏格拉底： 在我们刚刚缔造的理想国家中，是不是有些公民要有一种知识，这种知识不是用来考虑国家中某个特定方面的事情，而是用来考虑整个国家的大事，改进国家的内外关系？

格劳孔： 是的，是要有这样的人和知识。

苏格拉底： 那这是一种什么知识？又是在什么人身上才能具备的呢？

格劳孔： 具备这种知识的人应该是国家的守卫者；这种知识应该是我们刚才说的严格意义上的最完美的国家守卫者的知识，

还有就是国家统治者的。

苏格拉底： 具有这种知识的国家应该获得怎样的名声呢？

格劳孔： 它是深谋远虑、真正有智慧的。

苏格拉底： 你认为我们的国家里究竟哪一种人多，是各种技艺者多，还是真正的国家守卫者多呢？

格劳孔： 当然是技艺者多。

苏格拉底： 也就是说，与各种有某方面特定知识、从事某种特定职业的人相比，国家守卫者要少得多。

格劳孔： 是的。

苏格拉底： 因此，一个国家被说成是有智慧的，是因为它有了这些为数很少的知识人员阶层和国家统治者阶层所具有的知识，而且只有这些人才称得上是知识阶层。

格劳孔： 说得很对。

苏格拉底： 现在，我们找到四种品质中的一种了，而且找到了它在这个国家的所在。

格劳孔： 是的，它被我们充分地找到了。

苏格拉底： 那么，接下来要发现勇敢本身和这个给国家以勇敢名称的东西处在国家的什么地方，就不算是什么困难事了。

格劳孔： 为什么这么说？

苏格拉底： 这不是明摆着吗？凡是说起一个国家懦弱或勇敢的人，除了会想到在战场上打仗的人，还能想到哪些其他人呢？

格劳孔： 不会想到其他人了。

苏格拉底： 我认为，国家的公民可能勇敢，也可能懦弱，他们对于一个国家是否勇敢能起到什么作用呢？

格劳孔： 是的，不能起到作用。

苏格拉底： 因此，一个国家是因某一部分人的勇敢而被说成勇敢。所以在任何情况下，战士维护着国家统治者赋予他们的任务，因而知道害怕与不害怕的本质区别。这是不是就是你理解的勇敢？

格劳孔： 我还没完全理解你的话，你能不能再说一遍？

苏格拉底： 我的意思是说，勇敢就是一种坚持。

格劳孔： 一种怎样的坚持呢？

苏格拉底： 就是要坚持法律通过教育让战士建立起来的一种有关可怕事物的信念，即什么情况下可以害怕，什么情况下不可以害怕。我刚才提到的"在任何情况下"是说，勇敢者无论处于苦难还是快乐，或者处于欲望还是害怕之中，都要永远坚持这种信念，不抛弃它。如果你愿意，我可以打个比方来解释一下。

格劳孔： 我很乐意听你的解释。

苏格拉底： 染色工人如果要把羊毛染成紫色，首先要从所有颜色的羊毛中挑选质地白的一种，之后要仔细地整理，接着才着手染色。经过这样的程序之后，染上色的羊毛不管是不是用碱水洗，都不会褪色。如果没有挑选和整理，不论人们把东西染成其他什么样的颜色，发生的情况都是可想而知的。

格劳孔： 我能想象出褪色的可笑样子。

苏格拉底： 因此，你也一定明白，我们挑选战士，并且给他们音乐和体操的教育，也是在做同样的事，我们想达到的目的就像让羊毛接受染色一样，完全地相信和接受我们的法律，使他们的关于可怕事情和另外一些事情的信念都能因为有良好的天性和得到教育培养而不发生动摇，也使他们染上的"颜色"不致被快乐这种对人们的信念具有最强褪色能力的"碱水"洗得褪色，最好也不能被苦恼、痛苦和欲望这些比任何别的"碱水"褪色能力都强的"碱水"洗得褪色。我主张的勇敢就是这种精神上的能力，对关于可怕事物和不可怕事物的符合法律精神的正确信念的完全坚持。你对此有异议吗？

格劳孔： 我没有任何异议。因为我认为你对勇敢的论述是正确的，而那些不是教育造成的、与法律毫不相干、在兽类或奴隶身上也可以找到的勇敢，应另当别论。

苏格拉底： 格劳孔，你说得太对了。

格劳孔： 我赞同你对勇敢做出的解释。

苏格拉底： 你是不是还可以推想，如果在"勇敢"前面加上"公民的"限定词，在道理上也是相近的？我将这个放在后面做出讨论。现在我们寻找的是勇敢，对于这个目的，我认为我们已经谈得差不多了。

格劳孔： 是的。

苏格拉底： 我们的理想国寻求的道德还有两种：节制和正义。

其中，正义是我们追求的目标。

格劳孔： 对。

苏格拉底： 我们能不能跳过节制这个话题，直接追求正义？

格劳孔： 我不知道如何做到这一点，因为我不想在发现了正义之后，忽略了节制。我认为你应该先考虑节制。

苏格拉底： 我听从你的建议。

格劳孔： 好，那让我们来研究节制。

苏格拉底： 据我所知，节制比前面两种性质更协调或和谐。

格劳孔： 何以见得？

苏格拉底： 节制是人们对一些快乐和欲望的控制。人们平常说的"自己做自己的主人"就是对节制的解释。我们似乎还可以听到其他类似的话，是不是？

格劳孔： 是的，很对。

苏格拉底： "自己做自己的主人"的意思是说，一个人既是自己的主人，也是自己的奴隶，这两种说法都说的是同一个人。

格劳孔： 你分析得对。

苏格拉底： 我觉得人的灵魂中有一个较好的部分和一个较坏的部分。当好的部分占主体时，就可以说自己是自己的主人，这是一句赞美的话；当一个人由于坏的教养或者和坏人交往而使较坏的部分统治较好的部分时，他就会成为自己的奴隶，这会受到公众的谴责，因为他的原则已经被扭曲，成为一个没有节制的人。

格劳孔： 看来是这样的。

苏格拉底： 在我们的理想国家里也会看到这两种情况之一。因为我们既然将一个较好部分统治着较坏部分的人，称为一个有节制的人或是自己的主人，那是不是就要承认国家是自己的主人。

格劳孔： 我看过了这个理想国，你是对的。

苏格拉底： 我们继续往下说，理想国中各种各样的欲望、快乐和苦恼，都是在孩子、女人、奴隶和那些名义上叫作自由人的为数众多的下等人身上出现的。

格劳孔： 是的。

苏格拉底： 相反，靠理智和正确信念来支持自己的德行、用思考来控制自己的欲望的人，则只在少数人中见到，这些少数人天分最好且受过最好的教育。

格劳孔： 对。

苏格拉底： 在这个国家里你是不是也能看到上面所提到的两种人，但为数众多、品质低微的人往往被少数具有智慧和好德行的人统治着？

格劳孔： 是的。

苏格拉底： 所以，如果一个国家被称为自己快乐和欲望的主人，也就是"自己做自己的主人"，那它必定是我们的理想国。

格劳孔： 一点儿也不错。

苏格拉底： 由上述讨论的内容，我们是不是可以说这个国家是有节制的？

格劳孔： 是的。

苏格拉底： 如果一个国家的公民在谁是统治者和谁是被统治者的问题上有一致的建议，那么公民们投的票自会倾向于我们设定的这个理想国的国君。

格劳孔： 是这样的。

苏格拉底： 那你认为真正的节制存在于哪些公民之中呢？是在统治者中还是被统治者中？

格劳孔： 两部分人中都存在。

苏格拉底： 因此，我们刚才所说的节制像在宣传一种和谐，对吗？

格劳孔： 为什么这么说？

苏格拉底： 因为节制的作用和勇敢、智慧的作用不同，后者分别存在于国家不同阶层的公民之中，使国家变得勇敢和智慧；节制则不是这样起作用的。它作用于全体公民，把最强的、最弱的和中间的（不仅是智慧方面，还有人数、财富等方面）都协调起来，就像音乐用音阶把各种强弱的音符结合起来，产生一支和谐的交响乐一样。因此，我们可以说，节制就是天生优秀和天生低劣的部分在谁应当统治、谁应当被统治上的分水岭，不管是在国家里还是在个人身上。

格劳孔： 我完全同意你的观点。

苏格拉底： 到目前为止，我们已经在国家中找到三种品质了，剩下的那个就是使我们的国家再具有一种美德的品质，这显然就是正义了。

格劳孔： 我期待着你的讨论。

第三章　论男女平等

◆ →辩论者：苏格拉底/格劳孔/阿德曼托斯/色拉叙马霍斯 ◆

苏格拉底： 一个人、一个国家或一种体制只要品质是好的，那么就是善良的、正义的。如果管理一个团体或一个人时注重品质的培养，那么管理者采用的就是善的制度，除此之外的制度就都是恶的。我认为恶的制度通常以四种形式表现出来。

格劳孔： 哪四种？

苏格拉底： 就在我要将那四种制度罗列出来的时候，坐在阿德曼托斯身边、离我不远的色拉叙马霍斯，手搭在格劳孔的肩部，靠近他的耳朵轻声说了几句话。我听到其中一句是："我们打断他？还是让他走？"阿德曼托斯说："就这样放他走岂不是便宜他了？"接着，我发问了。

苏格拉底： 请问，你们说的"他"是谁？
色拉叙马霍斯： 就是你啊。

苏格拉底： 我？为什么呢？

阿德曼托斯： 我们觉得你是在偷懒，你总是将辩论的主题打乱，讲大段大段的故事来糊弄大家，却把我们期待你做出的解释跳过去，以为可以以这样的方式溜之大吉。不要以为我们不能看出你的把戏。如你刚才所讲的有关妇女、儿童的问题，任何人都知道"朋友之间一切共有"的真理，但你却没有给我们条分缕析。

苏格拉底： 阿德曼托斯先生，难道我说得不对吗？

阿德曼托斯： 你说得没错，但你必须对你的观点做出必要的解释。如你说的"共有"，其方式是多种多样的，你应该说明你说的共有是什么样的。我早就盼着你能告诉我们理想国中公民的家庭生活，如他们如何生儿育女、如何看待妇女等。我认为这都是比较重要的问题，如果它们处理不当，对国家会产生重大的不良影响。现在你还没有说清楚这个问题，就着手另一个问题，所以我们认为有必要打断你，让你回归正题。

格劳孔： 对，我也这样认为，我赞成这个意见。

色拉叙马霍斯： 苏格拉底，不要再犹豫了，就当这是我们大家一致的决议吧。

苏格拉底： 天哪，你们在搞什么名堂？你们这样做就等于再次挑起了国家体制的辩论，这是一场多么大的辩论啊！我本以为刚才大家没有提出异议，就是认同了我的想法，心里正暗自庆幸呢。岂料你们又要让我从开始的地方说起，你们的这个要求会引起多么激烈的一场争论！我预料说得越多越麻烦，所以我才尽量避免。

色拉叙马霍斯： 看你说的，你以为我们来这里的目的是什么？淘金还是听讲？

苏格拉底： 听讲也要有个限度啊！

格劳孔： 是的，苏格拉底，一个有头脑的人听讲的限度往往是至死方休，所以你大可不必担心我们的耐性。你还是回答刚才的问题吧。你觉得我们的国家守卫者要怎样推行妇女、儿童公有制？还有儿童从出生至接受正规教育的这段时期，我们该怎样去培养他们？

苏格拉底： 朋友们，要说明这个问题可不容易。比起正义的问题，这个问题有更多的疑惑。因为你们怀疑我提出的建议的可行性，即使行得通，也会有人怀疑这样做是不是善的。所以我十分不愿意提及这个话题，但如果你们非要我说，我只能恭敬不如从命了。

格劳孔： 不要害怕，我们没有恶意，不会为难你，会信任你的。

苏格拉底： 我的朋友，你这样说是在鼓励我吗？

格劳孔： 是的。

苏格拉底： 可结果适得其反，我更加担心了。如果我对要讲的很有把握，那你的鼓励是起作用的。当一个人和志同道合的朋友们一起讨论一件很有心得的事情，心中有数，讲起来自然左右逢源，头头是道。但我目前的状态胸无成竹，我知道探讨这个问题是十分危险的。我担心的不是被嘲笑，而是我自己犯了错误，摔了跤，还要拉着我的朋友们一起摔跤。格劳孔啊，如果我真的犯了错，我只求能得到复仇女神的宽恕。在我看来，失手杀人已不是小罪，但混淆美丑、善恶及正义与非正义的罪更大。这样冒险的事情，我只能在敌人中间而不能在朋友们中间做，所以你的鼓励不能增加我的勇气。

格劳孔（笑）： 苏格拉底，你不会这样脆弱的。咱们定一个协定吧。即使你在辩论中偶有错误伤害了我们，我们也宽恕你，恕你无罪，不算是你欺骗了我们，所以你还是大胆地讲下去吧。

苏格拉底： 好，法律上规定了凡是被开释者就无罪了，既然这样，我们现在应该也是这样的。

格劳孔： 既然这样，你就讲下去吧，我们洗耳恭听。

苏格拉底： 那么，现在我们必须回过头来把曾经说过的话再重述一遍。我们刚才已经着重讨论过男人的问题，现在该谈谈女人了，而且这也是你们大家的要求。不能否认的是，男人们从出生的那一刻起，就一直在接受成为公民的教育，我认为男人保有与使用孩子和妇女的唯一正确的方式就是像保护羊群一样保护妇女、儿童，这我们在前面已经论述过。

格劳孔： 是的。

苏格拉底： 让我们顺着这个比喻往下看，如果对妇女采取与男人一样的培养和训练，看她们的结果是不是与男人一样。

格劳孔： 你这是什么意思？

苏格拉底： 我的意思是，用具体的比喻来论述。狗是不是分为公的和母的？它们是不是在捕猎、守望及其他事情上平等地分担责任？主人不在家的时候，按惯例要把看护羊群的全部责任交给公狗，让母狗在窝里照料、养育和看护小狗，让公狗一心一意地看护羊群。

格劳孔： 这不完全对。我认为公狗和母狗应该平均分担工作，它们的唯一不同就是公狗比母狗更强壮。

苏格拉底： 但你让不同体质的动物做相同的事，这可能吗？除非它们用同样的方式饲养和训练。

格劳孔： 是的。

苏格拉底： 那人类也一样，如果要女人和男人承担同样的责任，前提就是他们有相同的天资，让他们接受同样的教育。

格劳孔： 是的。

苏格拉底： 我们教育男人一般是用音乐和体育。

格劳孔： 是的。

苏格拉底： 那么，为了像使用男人一样使用女人，是不是也要让她们接受音乐、体育的教育，甚至还要有军事训练。

格劳孔： 似乎是你说的这个道理。

苏格拉底： 但如果将我说的都付诸实践的话，会不会因为违反当地的风俗而引起别人的耻笑。

格劳孔： 当然会。

苏格拉底： 妇女们也光着膀子在训练场上和男人一样操练、挥舞刀枪，这非常可笑。而年纪大的妇女也像一帮热心于锻炼的老头一般经常光顾健身房，是不是更可笑？

格劳孔： 是的，按人们的观念，这似乎是可笑的。

苏格拉底： 妇女接受体育锻炼和文艺教育的改革，尤其是她们也要去训练场参加军事训练的建议，定会受到那些反对革新的人的反对和嘲笑。而我们可以拿妇女的成就来反驳，我们可以说妇女们体格锻炼得比较强壮，懂得音乐，甚至还能身穿盔甲上阵杀敌。

格劳孔： 你说得很对。

苏格拉底： 既然我们现在已经开始了，就有必要揭露一些现行法律的弊端。我请求那些自认为是智者和批评家的人放下身价，严肃地看待这个问题。我们要让他们回顾一下，在不久之前，希腊人还像多数野蛮人那样，认为男人裸露身体是可羞可笑的。克里特人和斯巴达人最初实施这一习俗时，所谓的智者和才子们不是也对此发出过讥笑和讽刺吗？

格劳孔： 确是如此。

苏格拉底： 我认为，既然经验已经证明，赤裸着身体训练比穿着衣服训练更好，就是说在人们眼中，看起来比较滑稽可笑的事情因为受到理性原则的支配而变得并不可笑。这也说明了那些认为邪恶不可笑，不去讽刺它们，却盯着别的现象讥讽，一本正经地想建立某种美的标准的人是真正的蠢材。

格劳孔：你说得很对。

苏格拉底：在这个问题上要取得一致的意见，不论我们是以嘲笑还是认真的方式提出来，都要先就女人的本质问题达成共识。这些共识包括：女人是否有天性能胜任男人的一切职务或部分职务？或者她们根本不能胜任任何职务？如果要求女人像男人一样，是不是也要求她们学习战争的技术？我认为如果能从这个问题上入手，可以得出较好的结论。

格劳孔：这是一个不错的方法。

苏格拉底：那么，我们要不要替我们自己假想论敌，给自己提出诘难，以免只听一面之词？

格劳孔：你可以这么做。

苏格拉底：那么，现在就让我们替质疑我们的人来说话。他们可能会说，亲爱的苏格拉底、格劳孔先生，根本没有必要让别人来揭穿你们，因为你们在建立理想国家的时候就已经承认过一条原则，那就是让每个人去做自己适合的事。

格劳孔：是的，我们确实得出过这样的结论。

苏格拉底：他们还可能这么问："男人和女人之间不是有本质的差别吗？"我们定会做出肯定的回答。这时，他们就又问："因为本质上有差别，交给他们做的事情是不是也应该有差别呢？"我们当然会给予肯定。他们接着问："如果是这样，你们刚才所说的让女人和男人做同样的事，不就是自相矛盾吗？"如果遇上这样的问题，我们该如何回答呢？

格劳孔： 让我立刻回答这个突然的问题，我觉得实在是很难，我请求你替我们回答，随便你怎么回答。

苏格拉底： 亲爱的格劳孔，这只是反对意见中的一部分，还有许多我预想到的意见还没有说出来。也正是因为这样，我才不愿意涉及任何有关妇女和儿童如何共有、如何教育方面的立法问题。

格劳孔： 这确实不是一件容易的事情。

苏格拉底： 当然是这样，但既然已经掉进水里了，不管是小水湾还是大海，都要义无反顾地游了。

格劳孔： 只能这样了。

苏格拉底： 我们只能靠自己游，不能指望有谁能伸出援手，不要企图让阿里安的海豚或其他什么奇迹出现在我们身上。

格劳孔： 看来只好如此。

苏格拉底： 那就让我们看看能不能找出一条路，逃到陆地上。我们说过，不同的禀赋应该有不同的职业，男人与女人有不同的禀赋，但我们要让他们做相同的职业，岂不是自己打自己的脸？

格劳孔： 没错。

苏格拉底： 在矛盾中争论是一件多么了不起的事情啊！

格劳孔： 你说什么？

苏格拉底： 我知道许多人在和别人讨论问题的时候，都会不由自主地跌到这个陷阱中去，他们本意是在与别人理论，实际上是在和别人吵架。他们往往会抓住字面上的矛盾，而不是去辨别其不同的含义。他们咬文嚼字，相互顶撞，结果让要说明的主题跑掉了。

格劳孔： 是的，这样的情况会出现在许多场合之中。你认为我们现在的辩论也出现了这样的问题？

苏格拉底： 是的，我很担心我们会不知不觉陷入一场文字争吵中。

格劳孔： 怎么会这样呢？

苏格拉底： 你想象我们说的话吧。我们对于"不同的禀赋应该从事于不同的职业"这个原则斤斤计较，却从来没考虑清楚什么是不同的禀赋和相同的禀赋，也没有探讨过不同的禀赋要有不同的职业或相同的禀赋有相同的职业究竟是什么意思。

格劳孔： 确实没有考虑清楚。

苏格拉底： 根据以上的原则，我问你，秃子和长头发的人的禀赋有什么不同？如果说他们的禀赋是不同的，是不是就可以因为秃子是鞋匠，而禁止长头发的人去做鞋匠呢？

格劳孔： 当然不可以，这太可笑了。

苏格拉底： 之所以可笑，是因为我们一开始就把人的禀赋绝对化了。我认为人的禀赋只关联到行业的分工，且这个分工也不是一成不变的。如医生可以是男人干，也可以是女人干。

格劳孔： 是的。

苏格拉底： 但男医生与男木工的禀赋在本质上就不同了。

格劳孔： 当然。

苏格拉底： 如果男人和女人身上的差异显示出男人或女人更适合某一种职业，我们是不是就可以将某一种职业分配给男人或女人？如果我们发现男人和女人之间的差别只存在于生理上，即女人生孩子，男人养孩子，那我们就不能依此得出结论，说女人受教育方面的权利劣于男人。用这个道理就可支持我的观点：我们国家的守卫者和他们的妻子应该担任同样的职业。

格劳孔： 你说得很对。

苏格拉底： 下面，我继续问一下对我们持反对意见的人，对国家有贡献的职业有很多种，哪些适合于男性，哪些又适合于女性呢？

格劳孔： 你这样问是很合理的。

苏格拉底： 可能有人也像你一样说，一时间无法回答这个问题，但如果给他们时间想一想，就会发现这并不难。

格劳孔： 是的。

苏格拉底： 如果质疑我们的人愿意和我们辩论下去，我也许就能向他们证明，在处理国家政务上，没有一件事是只有男人能担任，而女人担任不了的。

格劳孔： 当然了。

苏格拉底： 那么，让质疑者回答我提出的以下问题。说一个人对某种职业是否有天赋的依据是什么？是因为一个人学习起来容易，另一个人学起来困难；有的人一学就会，还懂得类推、举一反三，有的人则学习许久也不知道学了些什么；有的人身体能为他的心灵服务，有的人的身体则不能？还有其他东西来作为区分有好的禀赋和没有好的禀赋的依据吗？

格劳孔： 我看没有人能找到其他东西了。

苏格拉底： 有没有什么职业是在上面论述的任何方面，并不要求男人的禀赋比女人的高？这个答案我随便说几个吧，如纺织、烹饪、做糕点等方面，女人这些方面的天赋无疑要比男人高得多，要是男人比女人强，女人们会害羞，认为是一种悲哀。

格劳孔： 你说得对。我们可以说，一种性别整体的综合能力不如另一性别。虽然在许多事情上女人确实比男人擅长，但总的来说，还是你说的那样。

苏格拉底： 如果是这样的话，我的朋友，在现行的国家机构中还没有专门为女人设立的职位，也没有专门为男人设立的职位。各种天赋才能同样分布于男女两性。根据自然，男人和女人都可以参加各种职务，但总的来说，女的要比男的弱一些。

格劳孔： 很对。

苏格拉底： 那么，我们是不是就应该将一切职务都分配给男人，而不让女人分担呢？

格劳孔： 这怎么能行？

苏格拉底： 我想我们还是这样说比较好：有的人有治病救人的

禀赋，有的人则没有；或者说有的人有音乐禀赋，而有的人则没有。

格劳孔： 是的。

苏格拉底： 我们能不能说，有的女人有运动禀赋，且天生好斗，而有的女人则天性温和，不喜欢运动？

格劳孔： 当然能。

苏格拉底： 能不能说有的女人是哲学家，有的则是哲学家的敌人；有的女人刚烈，而有的则懦弱？

格劳孔： 也能这样说。

苏格拉底： 所以可以说，有的女人有担任国家守卫者的能力，有的则没有，而男性守卫者的挑选不也是因人而异吗？

格劳孔： 是的。

苏格拉底： 因此，男人和女人都有成为国家守卫者的素质，他们的分别仅是女人弱些而男人强些罢了。

格劳孔： 很明显是这样的。

苏格拉底： 既然这样，应该挑选男人和女人一起承担守卫国家的职务，你说对吗？

格劳孔： 对！

苏格拉底： 那具有同样禀赋的男人和女人可以担任同样的职务吗？

格劳孔： 可以。

苏格拉底： 现在似乎又回到原处了，我们同意让守卫者的妻子们接受音乐和体育上的教育，并不是违背自然的事情。

格劳孔： 毫无疑问。

苏格拉底： 所以，我们的立法并不是不切实际的空想，而是合乎自然的。现在倒是眼下的做法不自然了。

格劳孔： 这话似乎可以这么说。

苏格拉底： 我们的建议虽然合理，但是不是可行？如果可行的话，它们是不是最好的？

格劳孔： 是有这个问题。

苏格拉底： 我们已经探讨出是能行得通的，是吗？

格劳孔： 是的。

苏格拉底： 那是不是最好的？

格劳孔： 显然是的。

苏格拉底： 既然是最好的，那么我们为了培养更多的国家守卫者，对子女的教育就没有理由再分成两种方法了。因为不论男女，提供的天然禀赋在本质上是一样的。

格劳孔： 你说得对，男女应该接受同样的教育。

苏格拉底： 下面，我又有问题要问了。

格劳孔： 什么问题？

苏格拉底： 国家中的男人是不是有的强一点，有的弱一点？

格劳孔： 是的。

苏格拉底： 那你认为在我们缔造的国家中，哪些男人强一点，哪些男人弱一点呢？是受过音乐和体育教育的国家守卫者更强,还是受过技艺教育的技艺者更强?

格劳孔: 这是一个可笑的问题。

苏格拉底: 其实,你在刚才已经告诉我了,是那些国家守卫者。那我们有必要说明一下他们为什么是最优秀的?

格劳孔: 是的。

苏格拉底: 那么,女守卫者是不是最优秀的女人?

格劳孔: 是最优秀的。

苏格拉底: 一个国家能培养出这么多优秀的男人和女人,还有比这种事情更好的吗?

格劳孔: 没有了。

苏格拉底: 这是不是我们所说的接受音乐教育和体育教育带来的好处?

格劳孔: 是的。

苏格拉底: 那我们所提议的立法不仅是可能的,对国家也是有益的。

格劳孔: 是的。

苏格拉底: 那么,我们就可以让愿意参加国家守卫者的女人裸体操练,让她们以美德作为自己的衣服,与男人一起分担战争和保卫国家的责任与义务。当然,她们承担的要稍轻一些,因为女人的体力毕竟不如男人。但这并不意味着她们与男人的服役义务不同。如有任何人嘲笑女人裸体操练,说这是"不成熟的智慧之果"，他们显然不知道自己在做什么。谚语不是说了吗："有用的就是美的，有害的就是丑的。"

格劳孔： 你说得太精彩了，苏格拉底，我完全同意你的说法。

第四章　论哲学治国与知识的存在

◆ →辩论者：格劳孔/苏格拉底 ◆

格劳孔： 苏格拉底，你越是推诿，越是坚定了我们逼你告诉我们，你要建立的国家如何才能变成可能。你还是按照主题继续说下去吧，不要再浪费时间了。

苏格拉底： 好吧，但我要提醒你们的是，我们是沿着研究"什么是正义""什么是不正义"的主题一路走到这里的。

格劳孔： 是的，那能怎么样呢？

苏格拉底： 问题就在这里。如果我们找到了正义，是要求正义者和正义本身在任何情况下都完全相同，还是要求正义者只需举正义之旗，尽量做正义之事就很优秀了？

格劳孔： 我认为正义者只要尽量接近正义的标准就很好了。

苏格拉底： 而我们当初寻求正义本身是什么，非正义本身是什么，以及绝对的正义者和绝对的非正义者是什么样，这是为了能给我们一个体现它们的标准，以便能判断出我们是幸福还是不幸，以及幸福或不幸的程度，而不是为了能表明它们在现实中是以榜样的形式存在的。

格劳孔： 是你说的这样。

苏格拉底： 假如一个画家已经画好了一个理想的美男子，但不能证明这个美男子在现实中是存在的，那你能因此说这个画家是一名不合格的画家吗？

格劳孔： 不，当然不能这么说。

苏格拉底： 那么，我们不也是在用言辞缔造一个完美的理想国家吗？

格劳孔： 是的。

苏格拉底： 那就不能因为我们缔造的国家在现实生活中还没有得到实现，就说这个"理想"是不好的。

格劳孔： 当然不能。

苏格拉底： 道理就在这里。不过，为了让你高兴，我要把这些所谓的"理想"重新展示给你，以说明在什么情况下这种可能性最大。因此，请把你前面同意过的话再说一遍。

格劳孔： 什么话？

苏格拉底： 你认为有没有可能说过的就一定要做到？还是说，通常真理总是做的比说的要少？你同意过我这个观点吗？

格劳孔： 是的，我同意过。

苏格拉底： 那么，请不要总是让我证明用言辞描述的东西可以完完全全地做得到。如果我们能找到一个国家治理得与我们所描述的很像，你就要承认我们所要求的已经实现了，你就应该满意。你认为呢？

格劳孔： 我认为是这样的。

苏格拉底： 接下来，要设法寻找出国家现行的法律中有什么缺点，以便能按我们所描写的法制去治理它。如果缺点小的话，可能只需要一项措施去变动它，如果一项不够就两项，总之变动越少、越小，越理想。

格劳孔： 当然是这样。

苏格拉底： 我认为仅是一项变动就能引起国家一系列的变革，尽管这项变动可能实施起来有困难，但却是可能实现的。

格劳孔： 是什么变动呢？

苏格拉底： 我想我现在已经临近于人们所痛骂的那个发出奇谈怪论的人了，但我仍要讲下去，即使因此我被淹没在讥笑和藐视的浪涛中。只要你愿意听，我就会把话说完。

格劳孔： 那你就讲下去吧。

苏格拉底： 除非哲学家成为我们国家的君主，或者目前统治我们国家的君主和统治者具有哲学家的认真和严肃的追求精神，使政治权力与聪明才智合二为一。必须要将那些顾此失彼，或安于其中之一的人排除出去。我认为只有这样，我们的国家才能生存下去，否则将无法得见天日。格劳孔，如果我不是觉得它太过分，早就把它讲出来了。一般人不会认识到，除这个方法之外，没有其他办法能给公众带来幸福。

格劳孔： 天哪！苏格拉底，你这是在信口开河。你在我们面前乱讲这番道理，我怕很多人，尤其是大人先生们将要挽起衣袖，顺手拣起可以打人的武器向你发起攻击了。如果你找不到证据来论证你的观点而做一个逃兵的话，你会无地自容的。

苏格拉底： 我这样尴尬还不是因为你。

格劳孔： 算是吧，我会尽我最大的能力帮助你逃脱大家的攻击。在可能的情况下，我对你提出的问题的解答会比其他人精彩，这就是我所能做的了。既然你得到了我的帮助，你就尽一切能力向别人展示你是正确的吧，可能真理真站在你这一边。

苏格拉底： 有你的支持，我一定会尽力的。我认为我要逃脱你说的攻击，就必须对做我们的国家治理者的那种哲学家做出一个明确的界说。在做完哲学家的定义之后，我想我就没有什么可怕的了。因为那时我就可以证明，研究哲学和政治艺术的事情天然属于爱智者的哲学家兼政治家，有哲学禀赋的人有资格做国家统治者，而其余的人做追随者比较适合。

格劳孔： 那你给出清楚的解说吧。

苏格拉底： 那你请我往下说，我会给出满意的解释。

格劳孔： 快讲吧，不要再啰唆了。

苏格拉底： 不用我提醒，你一定还记得，我们说如果一个人是一样东西的爱好者，那他就会爱这个东西的全部，而不是这个东西的一部分，是不是？

格劳孔： 我实在不记得了，我需要你的提醒。

苏格拉底： 格劳孔，这个回答对别人适合，对你并不适合。像你这样以爱至上的人应该记得，几乎所有风华正茂的青年，都能拨动爱孩子的人的心弦，让人们觉得他们可爱，你的反应不也是这样的吗？看到鼻子挺拔的人，你会说他长得英俊；看到肌肤黝黑的男子，你会说他有气概；看到肌肤白的人，你会说他是神的孩子。"蜜白"一词本就是以爱至上的人发明，用来称呼瘦而白的面容的。总之，在后生们身上，没有缺点是不能变通的，也没有优点是不会被人称赞的。

格劳孔： 如果是为了辩论，你称我是以爱至上的人，我愿意充当。

苏格拉底： 再说一下爱喝酒的人，你注意到了没有，他们爱喝每一种酒，并且都有一番站得住脚的道理。

格劳孔： 是的。

苏格拉底： 爱荣誉的人也是一样，如果他们做不成将军，做连长也可以；得不到真正伟大的人的赞扬和敬重，让小人物捧捧也过瘾。无论怎样，都少不了荣誉。

格劳孔： 是的，不错。

苏格拉底： 我再问你，如果一个人想要得到一件东西，是要得到整个东西呢，还是东西的一部分？

格劳孔： 当然是全部。

苏格拉底： 哲学家是不是也适用于这个道理，他们是智慧的爱好者，不能仅爱智慧的一部分，而是要爱它的全部。

格劳孔： 是的。

苏格拉底： 那么，一个不爱学习的人，尤其是年轻人，当他没有判断善恶是非的能力时，我们是不是不会断定他不思进取，成不了哲学家？就像一个因不饿而不想吃饭的人，我们不能断定他的胃口不好。

格劳孔： 很对。

苏格拉底： 当这个人对各种知识都产生兴趣，都去学习一番，并永不满足，我们就可以称他为哲学家了，是不是？

格劳孔： 如果仅是产生兴趣就能成为哲学家，那很多荒谬的人物都可以叫作哲学家了。喜欢游山玩水的人往往善于观察，那哲学家一定包括这类人了。如果业余音乐家能帮忙解释哲学问题，那哲学家们就要奔波于每个酒神节了。因为他们永远不会参加哲学辩论，不论哲学讨论在城市或是乡间举行。我们是不是要称这些人以及有类似爱好的人，或那些有很次要的艺术的爱好者为哲学家呢？

苏格拉底： 绝不是这样，他们顶多只能说是像哲学家罢了。

格劳孔： 那什么人才是真正的哲学家呢？

苏格拉底： 追求真理的人。

格劳孔： 这话很对，但我还不太理解你的真正意思。

苏格拉底： 和别人讲很难说得明白，但对你说，我肯定你会同意我的意见。

格劳孔： 什么意见？

苏格拉底： 美与丑是彼此相反、各自为一的，是吗？

格劳孔： 是的。

苏格拉底： 我们同样可以说别的相反的东西，正义与非正义、善与恶，以及其他类似的理念。若只是个别地看，它们各自为一，但如果将它们和行动及物体相结合，是不是就会感受到它们的复杂性？

格劳孔： 你说得对。

苏格拉底： 所以，我要划出一条界线将两种人区分开来，一边是你说过的那些爱看戏、爱艺术、爱干实务的人；另一边是我们所讨论的人，就是能称得上是哲学家的人。

格劳孔： 你是怎么区分的？

苏格拉底： 一种是爱看戏、爱艺术、爱干实务的人，关心事物的声音、颜色、形状以及艺术品，但他们的思想却不能认识到美的本身。

格劳孔： 是的。

苏格拉底： 另一种人能够理解和领会到美的本身，这种人是不是很少见？

格劳孔： 是的，很少。

苏格拉底： 有的人有对美的感觉，但却没有对绝对美的感受；也有的人能认识许多美的东西，但不能认识美本身，即使有别人的引导也跟不上。你认为这样的人一生是在梦中呢，还是清醒的呢？试想，一个人无论是睡着还是醒着，把不同的事物看成是相同的，把仿制品看成是真东西，他还不等于一直在梦中？

格劳孔： 我同意你说的。

苏格拉底： 再说一种与此相反的人，这种人认识美的本身，能够分辨美本身和杂糅于其中的具体事物。你说这种人是清醒的呢，还是在梦中呢？

格劳孔： 这种人是清醒的。

苏格拉底： 那么，我们能说这种人有心智又有知识，而前者只是能表达自己的意见吗？

格劳孔： 能这样说。

苏格拉底： 如果一个只有心智没有知识的人和我们争吵，但却驳不倒我们的观点，还说我们是在欺骗他，我们要不要婉转地让他知道他的心智有问题呢？

格劳孔： 应该让他知道这一点。

苏格拉底： 那么，我们要采用什么方法？是不是首先要对他很客气，不管他有没有知识都要和他相处，然后问他，一个有知识的人是知道一些事还是知道很多事？你代他回答一下。

格劳孔： 他会说"一些事"。

苏格拉底： "一些"是存在的还是不存在的？

格劳孔： 当然是存在的，否则知识从哪里来？

苏格拉底： 在对各种观点观察一番后，我们是不是可以说完全存在的东西是完全可知的，完全不存在的东西是完全不可知的？

格劳孔： 是的，完全可以这样说。

苏格拉底：我再问你，假如有一种东西既存在又不存在，我们是不是说这种东西介于完全存在和完全不存在之间？

格劳孔：是的。

苏格拉底：有知识意味着存在，而无知识意味着不存在，因此，要找出介于存在和不存在的中间状态，就必须找出和无知与知识中间的状况相对应的东西，对不对？

格劳孔：对。

苏格拉底：是不是有一种我们叫作"意见"的东西存在？

格劳孔：是的。

苏格拉底：它与知识有同一种功能，还是另外有一种功能？

格劳孔：另外有一种。

苏格拉底：因此，意见与知识因有不同的功能而必然有不同的相关者。

格劳孔：是的。

第五章　哲学家的道德

◆ →辩论者：苏格拉底/阿德曼托斯 ◆

阿德曼托斯： 苏格拉底，对你刚才所辩论的话没有人能反驳，但一直在听你辩论的人却认为，因为他们缺乏问答的技巧，在辩论中接触到问题后，一点点地被你引入歧途，尽管歧途是小的，但一点点地积累起来，到你辩论结束，他们才发现错误已经很大，自己的观点在不知不觉中改变了。这就像两个人下棋，棋艺差的人总是被棋艺高超的人施展战术击败。在这场使用语言作为棋子的对弈中，和你辩论的人的观点本来是对的，但他们的语言能力显然没你的强，最后被你逼得哑口无言。但就像你说的，真理不会因为口才的高低而发生变化，也许在座的所有人的口才都没有你好，但仍然存在着这样的事实：那些酷爱哲学的人，不仅只为完成教育而学一点哲学，在年轻的时候就将它放下，而是将学习哲学的时间拖得太长，以致其中的大多数变得不再正常，而是成为一个怪人（暂且不说他们是坏人），而那些被认为是其中最优秀者的人物因为学习了那些怪人，而成为对国家无用的人。

苏格拉底： 你认为我刚才所说的都是错的吗？

阿德曼托斯： 我说不太准，但很想听听你对哲学的观点。

苏格拉底： 我认为你刚才说的话很对。

阿德曼托斯： 既然你和我都认为哲学对国家没用，那你为什么又说没有哲学家统治的国家充满了邪恶？你如何证明你的论断是正确的呢？

苏格拉底： 我需要用一则寓言来回答你的问题。

阿德曼托斯： 请便，但我不认为讲寓言是你的强项。

苏格拉底： 我迫于无奈才这样做的，你将我推入进退两难的境地，然后又来讥笑我了。我只能用讲寓言的形式来看看能不能奏效了，说不定我讲完之后，你会觉得我的比喻是多么苍白无力。因为一个优秀的人在国家中的地位却如此卑微，这个世界上恐怕没有什么能与这种感受相比了。所以为哲学家辩护，我只能借助于寓言和比喻，把许多东西凑到一起来拼成一个人物，就像画家们画怪物时将各种动物拼合那样。现在，假设有一只船，船长身强力壮，但遗憾的是，他的耳朵有点聋，视力不太好，航海知识也不丰富。船上的水手们各怀坏心，都认为自己有权掌舵，想取代他船长的位置。但他们没有学过航海术，也没有老师教他们，他们甚至扬言航海术根本就不需要教，如果谁要是说需要教，他们就将谁碎尸万段。他们围住船长，不择手段地要求他交出掌舵权，如果船长同意别人代为指挥船只，他们就将那个人杀死，或逐出船去。他们还利用麻醉药、酒之类的东西将船长控制，并趁机哄抢船上的食物，吃喝玩乐，按照自己的意愿航行着。不仅这样，他们还将那些曾经出主意或出力帮助从船长手中夺权的人称为航海家、领航、舵手等。如果有人不加入他们，他们就对其大骂，叫他们废物。而真正的航海家必须要注意季节、星辰、风云的变化，以及一切与航海有关的事情，还要具有舵手的权威，但这些篡位的舵手相比原来的船长要逊色得多。在这样的情况下，他们要受到船员们怎样的对待呢？会不会最后也被水手们叫作废物？

阿德曼托斯： 当然会。

苏格拉底： 那么，你就没有必要再听我对这个寓言的解释了，因为你已经明白，我是在用它来说明哲学家与国家之间的关系。

阿德曼托斯： 的确是这样。

苏格拉底： 那我就劳驾你将这个寓言的解释讲给那些认为哲学家在国家不受到尊重而感到惊讶的人听，并且还要让他们相信哲学家受到尊重才是一件怪事。

阿德曼托斯： 就这么办。

苏格拉底： 你还要告诉他们，哲学家对国家或世人无用的说法是正确的，但你要说清楚，哲学家之所以变成无用的人，是因为他们没有被人们使用，而不是哲学家本身的问题。就像船长求水手们接受自己的领导或智者登富人门庭一样是不合乎事理的，智者登富人门庭还是句错误的话。真正合乎事理的是，不管穷人还是富人，生病了就应该去看医生；任何要求管治的人应该是他们自己登门去请有能力管治他们的人来管他们。如果统治者真有能力，就不要要求臣民接受他的统治，因为这是不自然的。如果你把当前的政治统治者比作我们刚才所说的那种水手，将哲学家比作被他们称为废物的真正的舵手，是不会错的。

阿德曼托斯：绝对正确。

苏格拉底：从这些情况看来，在这样的人之中，哲学这门高贵的学问是不太可能得到反对者尊重的。但真正让哲学家蒙羞的也是哲学本身，因为许多研究哲学的人在诋毁哲学，他们就是你指出的哲学的反对者说的大多数搞哲学的人都是坏蛋，即使是其中的优秀者，也是无用的。我当时也肯定你的话是对的。

阿德曼托斯：是的。

苏格拉底：优秀者无用的原因，我们是不是解释清楚了？

阿德曼托斯：是解释清楚了。

苏格拉底：那么，我是不是可以说大多数哲学家变坏是不能避免的，但像别的事物一样，这不能归咎于哲学本身。

阿德曼托斯：可以这样说。

苏格拉底：好，让我们再回到问答的形式上继续讨论吧。你是不是还记得我们前面描述一个要成为美而善的人，他要时刻追随领导者，否则他就是一个与哲学毫无关系的骗子。

阿德曼托斯：是的，我记得。

苏格拉底： 你不认为这一点和现在人们对哲学的看法是完全相反的吗？

阿德曼托斯： 我是这样认为。

苏格拉底： 我是不是有理由为他辩护？追求知识的人的本性决定了他真正追求的是事物的本质，而不是只停留在知识的表面，他会在知识的道路上勇敢前进，不会后退，也不会让锋芒变钝、热情降低，直到他的思想与事物真实地接近、结合，生出理性和真理，获得真知和智慧。那时他将拥有知识，知识也将帮助他成长。

阿德曼托斯： 这个理由不能再充分了。

苏格拉底： 虚假是哲学家的一部分吗？他们会撒谎吗？

阿德曼托斯： 我认为哲学家会憎恨虚假和谎言。

苏格拉底： 有真理为他们指路，我们没有理由相信他们会干邪恶的事情。

阿德曼托斯： 怎么可能呢？

苏格拉底： 真理的队伍里健康的和正义的心以及理智的节制是必不可少的，你说对吗？

阿德曼托斯： 对。

苏格拉底： 我觉得没有必要再向你重新证明一下哲学家在道德品质方面应该具备的天性了吧。你一定还记得，勇敢、聪慧、大度、强记是他们具备的天赋。你曾提出反对意见，没有人反对过你，但只要抛开言辞，将注意力集中到现实中的人，你就会发现，一部分哲学家的确是无用的，甚至有的人极为腐败，这让我不得不研究他们腐败的原因。因此，我又要问了，哲学家变坏的原因是什么？这个问题使得我们要对真正的哲学家进行重新评估了。

阿德曼托斯： 是的。

苏格拉底： 下面，我们研究哲学家天性的败坏问题，为什么大多数人变坏了，只有少数人没有？

阿德曼托斯： 这个问题需要你自己进行回答。

苏格拉底： 这个问题的答案已经在前面作答过了，因为那些没变坏的人是无用的人。我们再说一下自称是在搞哲学的人，看看他们的灵魂天赋，以及他们是怎样的愚蠢，奢望攀爬他们不能也不配研究的哲学。他们简直就是在糟蹋哲学，也正是因为有了这样的人，哲学才有了如此坏的名声。

阿德曼托斯： 你所说的腐败是什么意思？

苏格拉底： 我只能尽力解释了，我认为每个人都会承认，刚才我们所说的那些完美哲学家的天赋是很难在一个人身上出现的，是不是？

阿德曼托斯： 是的，这样的人很少见。

苏格拉底： 但请注意，败坏哲学的因素却是多而强大的！

阿德曼托斯： 都是哪些因素？

苏格拉底： 主要是勇敢、节制之类的道德品质，当然这是哲学家应该有的天赋，但这些天赋也可能会被人为地破坏。其中每一个都能败坏自己所属的那个灵魂，并拉着他远离哲学。

阿德曼托斯： 这听起来很荒唐。

苏格拉底： 此外，还有生活中一切美好的东西，如美观、富裕、健康、地位。我想你知道这些东西对哲学有腐化作用。

阿德曼托斯： 我明白，但想听你更详细的解释。

苏格拉底： 任何人都知道，无论植物还是动物的幼苗若得不到合适的养分、气候和土壤，那它长得越快，离正常的发育就越远。对善与恶来说，邪恶更是善的敌人。

阿德曼托斯： 说得太对了。

苏格拉底： 因此，我们也可以这样理解，如果最好的天赋得不到好的培养，所受到的伤害要比差一点的天赋多。

阿德曼托斯： 是的。

苏格拉底： 阿德曼托斯啊，我们现在能不能说，天赋最好的人如果得到坏的教育，就会变得比谁都坏；或者说最邪恶不是来自天赋差的人，而是来自那些天赋最好但被坏教育毁掉的人？因为天赋较差的人很少做出大善大恶的事，你说是不是？

阿德曼托斯： 是的。

苏格拉底： 我们讨论的哲学家的问题与这是雷同的。他们就像一棵棵正在生长的植物，如果得到适当的培养，就会长得很好，并且有很多好的道德品质；但如果处在不合适的环境中，就会成为最邪恶的，除非有什么神力保佑。你相信人们平常所说的那样，现在的年轻人已经被诡辩家败坏了吗？其实，说这些话的人才是最大的诡辩家，不正是他们在成功地教育和按自己的意图来塑造着男女老少吗？

阿德曼托斯：他们什么时候做的这些事？

苏格拉底：每当许多人聚集开会、出席法庭听取审判、在剧院看戏，或参加其他任何公开活动时，他们就会利用这些场合大呼小叫，按自己的意志指责或赞美一些正在做的事或正在说的话，但他们无不言过其实、大肆夸张，不管说什么都要引起在场人的掌声，以形成所需要的声势。试想，在这样的场合，一个年轻、尚未成型的心能不为之跳动吗？有什么私人教育能使年轻人能站得住，不被众人的指责或赞美所动摇，不随波逐流？

阿德曼托斯：会的，苏格拉底，这是完全必然的。

苏格拉底：有一个更重要的必然还没有提及呢！

阿德曼托斯：哪一个？

苏格拉底：这些教育家和诡辩家用自己的语言优势，将自己的意志强加于人，就好像用剥夺公民权、罚款和刑具来对付不服他们的人。

阿德曼托斯：他们确实是这样干的。

苏格拉底：那么，有什么别的诡辩家或私人教师的教导有希望在这种力量悬殊的对抗中获得胜利吗？

阿德曼托斯：我看是不会有的。

苏格拉底：不但不会有，就连这样的念头都是愚蠢的。因为用美德教育与公众教育相对抗,培育出一种美德来,在过去、现在和将来都没有过。我的朋友,这当然只是指的人力而不是神功。你应该知道,在这样的政治状况下,如果真的有什么德行能得到拯救,那都是上天的功劳,你说是吗?

阿德曼托斯: 现在,我对你的观点没有异议了。

第六章　论受教育者与未受教育者

◆ →辩论者：苏格拉底/格劳孔 ◆

苏格拉底：格劳孔，接下来让我们讨论一下受过教育和未受教育的人的本质区别，我们先通过一段想象的故事来比较一下他们遇到一种情况的不同情形。让我们想象一个地下洞穴，它有一长长的通道通向外面，可以让与洞穴一样宽的光线照进洞内。有些人从小就住在这洞穴里，头和腿都被绑着，不能走动也不能转头，只能向前看着洞穴后壁。我们再想象在这些人背后远处较高的地方就是洞口，而他们身后不远处燃烧着一堆火，火与洞口之间是一条蜿蜒的小路。路边筑有矮墙，火光照在墙上，就像能演傀儡戏的屏障，你能想象出正有演员在那里表演吗？

格劳孔：我能想象得出来。

苏格拉底：我们再接着想象，有一些人高举着各种器物，从墙后面走过，有的还举着各种材料制成的假人和假兽沿着矮墙跳舞。这些人有的在说话，有的没说话。

格劳孔：你是不是在给我展示既有囚徒又有与囚徒不一样的人？

苏格拉底： 不是的，我说的是和我们一样的人。你说洞内的囚徒除了能看到火光投射到他们对面洞壁上的投影外，还能看到别的什么吗？

格劳孔： 他们被反绑着，动都不能动，还能看到什么呢？

苏格拉底： 如果囚徒们能彼此交谈，你认为他们会对自己看到的矮墙上的影子发表评论吗？

格劳孔： 必定如此。

苏格拉底： 再想想看，如果洞外的过路人发出声音，引起囚徒对面洞壁的回声，你觉得有没有可能囚徒们会误认为是墙壁上的投影发出的？

格劳孔： 肯定会这样断定的。

苏格拉底： 这种人除阴影外还会想到还有什么别的事物存在吗？

格劳孔： 当然不会。

苏格拉底： 那么，假如有一天他们被释放了，他们认识上的错误也被矫正了，你认为他们会变成什么样的人呢？又假如其中有一人被释放，突然站起来，环视、走动，并向着亮光走去，你又认为他会怎么样？他做这些动作时会感觉痛苦，亮光会刺痛他的眼睛，而且也不会像看原来的阴影那样看眼前的一切了。如果有人告诉他，他过去看到的都是虚假的，只有眼前的事物才是真实的，他现在会一步步接触到实物，视野将会更加清晰，你认为他听了这话会说些什么？如果再有人把墙头上经过的器物给他看，并让他回答看到的是什么，你认为他会不会觉得不知道怎么说好，甚至还认为过去看到的阴影比现在看到的实物更加真实？

格劳孔： 是的，他会认为影子真实得多。

苏格拉底： 如果他被迫对着火光看，他的眼睛会很痛，他宁愿转身去看那些毫不费力就看得很清楚的影子，他会认为影子比人们所指示的实物更清楚、更实在，对吗？

格劳孔： 对。

苏格拉底： 接着往下想，如果有人强迫他走上陡峭崎岖的坡道，将他拉出洞穴，并见到了外面的阳光，且不让他退回去，他会不会觉得极度痛苦，又很恼怒呢？当他眼睛接触到阳光时，会不会觉得被称为真实事物的东西更加不真实？

格劳孔： 会的。他一下子接受不了。

苏格拉底： 我认为他会渐渐接受洞外的事物，因为他被长时间禁锢，认识新事物要有一个适应的过程。这个过程就是先看阴影，再看人和其他东西在水中的倒影，最后看东西本身。经过这些之后，他应该就会觉得在夜里看天空和星星比白天看太阳和太阳光容易。

格劳孔： 是的。

苏格拉底： 这样一来，他可能就可以看太阳和火光了，当然他可以不必通过水中的倒影或任何其他媒介，他就会对眼前的一切产生对其本相的探究。

格劳孔： 这是一定的。

苏格拉底： 接着他会慢慢有自己的想法，如太阳一年四季不停转运，造成四季交替，它主宰着世界的一切事物，这也是他过去通过某种曲折看见阴影的原因。

格劳孔： 他应该会得出这样的结论。

苏格拉底： 如果这时再让他回到原先的洞穴，体会那种低下的智力水平，他会不会替仍在洞中生活的伙伴们感到惋惜，并为自己能离开那个地方而感到庆幸？

格劳孔： 当然会。

苏格拉底： 如果囚徒们之前曾有过某种选举，有人在其中曾赢得了荣誉，那些能分辨出墙上的影子哪些在前、哪些在后、哪些是并排，以及能预言哪些影子会随后跟上来的人还得到过奖励，你认为这个被释放的人还会为这样的荣誉而动心吗？他是不是会像荷马所说的那样，即使做贫穷的主人，承受一切的苦难，也不愿意再回到洞穴中过原来的生活？

格劳孔： 我想他宁愿承受一切痛苦，也不愿意再过原来的生活。

苏格拉底： 如果他突然又被人拉回原来居住的地方，他会不会眼前一片漆黑，什么也看不见？

格劳孔： 一定会的。

苏格拉底： 这时，他还没来得及习惯黑暗，视力还很弱，但如果有人在这时让他和那些始终困在洞中的人进行"评价影像"

的比赛，他会不会在伙伴们面前表现得很滑稽？伙伴们会不会觉得他出洞走上一圈后，眼睛就坏了？他们会不会因此而封杀任何人出洞的欲望？此后，如果有人进入洞中，试图将他们放出去，他们会不会将那个人抓住，将他视为入侵者，甚至要将他杀死？

格劳孔： 我认为他们很有可能会这样做的。

苏格拉底： 亲爱的格劳孔，现在我们就可将整个故事应用到辩论的话题中去了。我们将洞穴看成一个视觉世界，把火光比喻为太阳光。如果你把从洞穴到外面的世界，并在地面看见东西的上升过程，与灵魂的无知到可知世界的上升过程联想起来，你就会理解我的本意。我再重复一下我的观点：真正的可知世界往往会在最后出现，要实现这个目标就必须为此付出巨大的努力。一旦目标实现了，就会认为它是一切事物中一切善者和美者。在可知世界中，它扮演着未来神明的角色，可以说是智慧世界中真理和理性的决定性源泉。凡是在私人生活或公共生活中行事合乎理性，必定就能达到美的理念。

格劳孔： 按我的理解，我同意你的说法。

苏格拉底： 那你就继续试着了解我下面的观点吧，你不要在听的时候觉得莫名其妙。那些达到这个高度的人，不愿意做那些琐碎俗事，他们心里只希望能一直保持在这个巅峰，或为了达到巅峰而努力。如果我的比喻合适的话，这种情形应该是不足为奇的。

格劳孔： 是的，我不觉得奇怪。

苏格拉底： 那么，一个人从神圣的思维世界突然坠落到黑暗的世界，也不是一件奇怪的事。假如那个走出洞穴的人还没有适应外面世界的时候，就被迫在法庭上与人争论关于正义或正义产生的事物，或争论影像给人带来的感觉，你认为这是一种怎样的可笑行为？你觉得这奇怪吗？

格劳孔： 一点也不奇怪。

苏格拉底： 但任何有常识的人都知道，眼睛有性质不同的两种迷茫：一种是由亮处到暗处；另一种是由暗处到亮处。同样，人们也知道，灵魂和眼睛其实是一样的。当一个人的灵魂发生迷茫不能看清事物时，不会不加思索就妄加嘲笑，他会考察一番，灵魂的视觉是刚走出黑暗不适应白昼，还是相反的情况。于是，他会认为一种经验与生活道路是幸福的，另一种则是可悲的。如果他真的有意去嘲笑其中的一种，那么从洞里走向光明的人会有更充足的理由嘲笑对方。

格劳孔： 你说得非常有道理。

苏格拉底： 如果这是正确的，那么我就要说一些顺延式的看法了：教育并不是某些教育家所说的那样，知识能被植入一个本没有知识的灵魂中去，就像能把视力放进盲人的眼睛里似的。你不觉得这很荒诞吗？

格劳孔： 是有这样的教育家。

苏格拉底： 我们现在的论证已经说明，吸收知识是每个人的灵魂都有的一种能力。但每个人的学习能力就像人的眼睛，在人整个不能动的情况下，眼睛是无法离开黑暗转向光明的。同样，灵魂作为整体，必须转向变化世界，直至它的"眼睛"能正面观看实在，看到世界中的最明亮者，即我们所说的善者。

格劳孔： 是这样的。

苏格拉底： 这方面可能有一种技巧，即使灵魂尽可能容易和有效地转向的技巧。它不需要人的灵魂去改变视力，而是肯定灵魂本身有视力，但不能正确地把握方向，或在看不该看的方向，因而使得它要设法努力改变自然发生的方向。

格劳孔： 这种技巧很可能存在。

苏格拉底： 因此，灵魂的其他所谓美德与身体的优点非常相似，但身体的优点并不是身体固有的，而是通过后天的教育和实践培养起来的。但是灵魂的确具有一种永恒存在的神圣东西。因眼睛视力的取向不同，它可以变得有用而有益，也可以无用而有害。有一种被称为有智慧的坏人，目光敏锐，但灵魂却属于狡诈的小人。他们目光所及之处，无疑是十分尖锐的。遗憾的是，他们的视力被迫服务于恶，最终的结果是，他们的视力越敏锐，做的坏事就越多。

格劳孔： 真的。

苏格拉底： 但是，如果他们这种灵魂从小就已经生成，那他们就会毫无品德负担地行凶、作恶，并从中获得快感。他们一出生，就一直附着于他们的灵魂智商，成为走向堕落的原动力。

他们的灵魂的视力只能看见下层的事物。如果有一天他们的灵魂获得了解脱，灵魂的同一部分被扭向了真理，他们看真理也会有同样敏锐的感觉。

格劳孔： 很有可能。

苏格拉底： 那么，没受过教育和接受过真理启迪的人，以及那些一直在从事知识研究的人，都不能成为国家的治理者，你觉得我的观点对吗？因为没受过教育的人无法将自己的全部公私活动都集中于一个生活目标；而一生都在进行知识教育的人，自以为了不起，认为自己已经居住在极乐世界中了。如果没有人鞭笞他们，他们比任何人都懒。

格劳孔： 你说得非常正确。

第七章　论诗人的作品是模仿品

◆ →辩论者：苏格拉底/格劳孔 ◆

苏格拉底： 到目前为止，我已经有足够的理由相信，我们在建立这个国家中的做法是非常正确的，特别是有关诗歌的做法，至少我是这样认为的。

格劳孔： 什么样的做法？

苏格拉底： 我们在诗歌上拒绝任何模仿。既然我们已经分辨出人的灵魂有三个不同的组成部分，我认为拒绝模仿就有更加明显的理由了。

格劳孔： 请你解释一下。

苏格拉底： 好的，我们的谈话是在私下里进行的，我相信你不会把我的话泄露给悲剧诗人或其他任何有模仿倾向的人。模仿对那些没有受过相关教育、没有抵制力的人来说，受到的危害是不可估量的。

格劳孔： 请你再接着往下解释。

苏格拉底： 那我就直说了。虽然我认为荷马值得尊敬，不愿意说他的任何不是，但他看起来是悲剧诗人的祖师爷。我也认为尊敬一个人，绝不能将尊敬看得高于真理，我一定要说出我想说的话。

格劳孔： 我就是欣赏你这一点，我洗耳恭听。

苏格拉底： 那你就好好听，必要的时候回答我的问题更好。

格劳孔： 好！我们开始吧！

苏格拉底： 你能说一说是出于什么样的目的才进行模仿吗？模仿的一般形式又是什么？在这两个问题上，我还不是很清楚呢！

格劳孔： 你都不清楚，那我岂不是更糊涂！

苏格拉底： 你比我清楚这两个问题不足为奇，就像是视力好的人比视力差的人看得清楚一样平常。

格劳孔： 你说得也对，但即使我知道什么，也不会立刻告诉你的，你还是自己解释吧。

苏格拉底： 那我还是用平常的程序开始讨论问题吧。凡是能用一种称呼来表示的几种事物，我们都假定它们属于同一形式和理念。你认为是这样吗？

格劳孔： 是的。

苏格拉底： 现在，让我们随便举出一种某一称呼的许多东西，如许多床或桌子。

格劳孔： 就举这两个例子了。

苏格拉底： 当我们看到我们举出的许多家具时，对它们只有两个概念，一个是床，一个是桌子。

格劳孔： 是的，没有其他的了。

苏格拉底： 一般情况下，我们会认为制造床或桌子的工匠是按理念或形式分别制造出我们使用的桌子或床，其他类别的制造品应该也是如此，但理念或形式本身不是任何工匠能制造得出的。你觉得是这样吗？

格劳孔： 当然是这样的。

苏格拉底： 对我下面将要说的工匠，你会给他们取一个怎样的名称呢？

格劳孔： 什么样的工匠？

苏格拉底： 一种能制造出各行各业的一切东西的工匠，他们无所不能。

格劳孔： 你是说有一种手艺出神入化的工匠？

苏格拉底： 一会儿你就会认同我的观点，这种工匠不仅能制作一切用具，还能造出植物、动物，以及他们自身，甚至他们还能制造天、地、诸神以及阴阳两界的一切事物。

格劳孔： 这种工匠如果存在的话，真是了不起啊！

苏格拉底： 听你的语气是不信有这样的工匠存在了？或者说，你认为这种工匠在某种意义上是存在的，但另一种意义上又是不存在的？你知不知道，你在某种意义上也能制造出这所有的事物？

格劳孔： 是吗？那这是一种什么意义？

苏格拉底： 你能最快地做到这一点，你可以拿着一面镜子照遍四周,这样你就可以很快制造出太阳和镜子之外的一切事物,包括各种用具、动植物以及我们所谈到的一切事物。

格劳孔: 但这只是影子,并不是实物啊。

苏格拉底: 太好了,真感谢你!格劳孔,你这句话对我们的论证很有帮助。你认为画家是这样的制造者吗?

格劳孔: 是的。

苏格拉底: 是的?我还以为你会说不是,因为他们制造的东西也不是真的,也只能说他们是在某种意义上制造了事物。

格劳孔: 对,他们制造的是事物的影子。

苏格拉底: 那各种工匠制造的事物又怎样理解呢?我们刚才说了,工匠制造的不是我们所说的事物的理念和形式,顶多只能算是一种具体的事物而已。

格劳孔: 是的,我们是这样说过。

苏格拉底: 这么说来,如果一个人不能制造事物本质的理念,就不能制造真实的东西,只能制造出一种接近于真实的东西。如果有人说工匠制造出的东西都是真实的,那就很值得怀疑了。是吗?

格劳孔: 无论如何,这都是值得我们去论证的。

苏格拉底: 如果有人说工匠制造的东西只不过是一种和真实的东西比起来比较暗淡的阴影,你会感到吃惊吗?

格劳孔: 一定不会吃惊。

苏格拉底: 那我们是不是可以用以上的事例来研究模仿者的理

念呢？即研究谁是真正的模仿者。

格劳孔： 你想这样做就做吧，我不会拦着你的。

苏格拉底： 现在，我们假设有三种类型的床：第一种是自然形成的床，暂且算是神制造的；第二种是工匠制造的床；第三种是画家画出的床。

格劳孔： 就按你的假设来吧。

苏格拉底： 这就是说，神、木匠、画家每人制造了一种床。

格劳孔： 按你说的，是这样。

苏格拉底： 神制造的床是本质的理念的床，但因某种原因，神只能制造一张这样的床。制造出一张之后，神再也不会制造第二张了。

格劳孔： 为什么？

苏格拉底： 假如神制造出了第二张床，就会制造第三张床，如果先制造的那两张床都以自己的形式出现，就会使第三张床成为本质的床，前两个就不是了。

格劳孔： 对，说得有道理。

苏格拉底： 神肯定也知道这一点，他希望自己是真实的床的制造者，而不只是制造某一特定床的木匠，所以，神就只制造了一张自然的床。

格劳孔： 看来是这样的。

苏格拉底： 那我们是不是可以把神叫作真实的床的制造者？还有其他更好的叫法吗？

格劳孔： 这样的叫法是正确的，也就是说，真实的床和其他真实的东西都是神创造的。

苏格拉底： 再说木匠，我们可以将木匠称为床的制造者吗？

格劳孔： 当然可以。

苏格拉底： 那画家呢？可以称他们是床之类的东西的创造者吗？

格劳孔： 无论怎样都不能这样做。

苏格拉底： 那你说画家对床来说是怎样的一种角色呢？

格劳孔： 我认为，画家应该是神和木匠制造的东西的模仿者。这个称谓应该是最合适的。

苏格拉底： 这样看来，你是把和自然隔着两层的物品的制造者都称为模仿者？

格劳孔： 是的。

苏格拉底： 悲剧诗人就是这种模仿者，他们本能地将真理性的东西或真实性的东西隔着两层。

格劳孔： 应该是这样的。

苏格拉底： 那么，在模仿者方面，我们已经取得了较为一致的意见了。但我还有问题要问你，你说画家模仿的是哪些事物？是自然存在的，还是工匠们制造出来的东西？

格劳孔： 我认为是后者。

苏格拉底： 那后者是事物的真实面目，还是事物的影像呢？

格劳孔： 我不明白你的意思。

苏格拉底： 我的意思是，如果你从不同角度去观察一张床，它前、后、左、右各个方面表现出来的样子是不一样的，但事实上没有什么不同。其他事物是不是也是这样？

格劳孔： 是的，仅是样子不同而已。

苏格拉底： 既然这样，问题又出来了，你认为画家模仿的是事物的本身，还是看上去的样子？也就是说，画家是对影像模仿，还是对真实模仿？

格劳孔： 是对影像模仿。

苏格拉底： 那么，应该说模仿和真实之间的距离相差甚远。这就是模仿者的特点，他们只把握事物的一部分，而且是表象的一部分，就敢制造出任何物品。比如让画家给人们画一个鞋匠、木匠或别的什么工匠正在工作的情形，虽然他自己一点也不懂这些技术，但他有细腻而优秀的工笔，因此，当他将画挂得远一些时，他的作品仍可以让小孩和一些愚笨的人信以为真。

格劳孔： 你说得很对。

苏格拉底： 格劳孔，我认为在所有这类情况下，我们都应该按下面的方法做。就是当你遇到一个人，他说自己遇到了一个精通一切技艺、懂得一切只有本行专家才懂得的知识的人，你应该对他说："我的朋友，你是一个头脑简单的人，你遇到的是一个魔术师或善于模仿的人，你被他骗了，因为你不能区别知识、无知和模仿。"

格劳孔：说得再对不过了。

苏格拉底：接下来，我们一定要开始讨论悲剧诗人及他们的祖师爷荷马。像上面所说的情形一样，有些人会说这些诗人真的知道一切技艺，知道一切与善恶有关的人的事，还有神的事。一般的读者会认为，一个优秀的诗人要正确地描述事物，就需要丰富的知识和创造性，否则他们的名声就会遭到损坏。所以，我们是不是要想一下，读者是不是能遇到那种魔术师般的模仿者？他们受诗人优美语言的诱骗，使他们不知道作品与真实隔着两层。这样的诗人描写的事物虽然是影像，但却非常真实。

格劳孔：对于这个问题，我们的确需要考察一番。

苏格拉底：假如有一个人既能制造被他人模仿的东西，又能制造影像，你说他还乐意献身于制造影像的工作，并将此作为自己生活的最高目标吗？

格劳孔：我认为他不会这样做的。

苏格拉底：应该可以这么说，如果他对自己所模仿的事物有本质的认识，那他一定宁愿献身于真实的东西，而不是献身于模仿。他定会制造出许多出色的真品，既从中享受成就，也留作今后的纪念。也就是说，他更想做一个被人称羡的人。

格劳孔：我赞成你的话。如果诗人能这样做，就会收获荣誉和利益。

苏格拉底：因此，我们不会问起荷马或任何其他诗人要做出怎样的解释，也不会追问谁是医生，而谁不是模仿医生说话的人。到目前为止，没有出现过诗人帮助病人恢复健康，或传授医术给学生的事情。这些我们暂且不谈，只谈荷马所想谈论的那些战争和指挥问题、城邦治理问题，以及人的教育问题。我们可以这样问他："荷马先生，假定你已经被我们定义为模仿者或影像的制造者，但你距离美德方面的真实只隔着一层，而不是两层，也知道怎样的教育和训练能让人在公私生活中变好或变坏，那么请问，有哪一个城邦是因为你而被治理好了？像斯巴达有了莱库古那样。还有一些城邦是因为有了别的立法者。有哪一个城邦把自己的成功治理归功于优秀的立法者？意大利和西西里人曾归功于哈朗德斯，我们归功于梭伦。但有谁归功于你？"你觉得荷马能回答出来吗？

格劳孔： 我肯定他回答不上来，就连荷马的崇拜者也不曾说他是一个优秀的立法者。

苏格拉底： 你曾听说过荷马生前指挥过什么战役，打过什么胜仗吗？

格劳孔： 从来没有听说过。

苏格拉底： 那么，荷马作为一个擅长实际工作的智者，你有没有觉得他在技艺或其他实务方面，有像米利都的泰勒斯和斯库西亚的阿那哈尔息斯那样多的创造发明？

格劳孔： 我从没有听说过他有什么重大发明。

苏格拉底： 荷马从未担任过什么公职，那你听说过他生前创建过什么私人学校，培养过一些从游听教的学生吗？有没有听说过他死后像毕达哥拉斯那样被后人敬为楷模？我们都知道毕达哥拉斯曾受到过特殊的崇敬，他的崇拜者直到今天还常以过他那样的生活为荣。荷马能享受这样的待遇吗？

格劳孔： 从没听说过这样的事情。苏格拉底，你应该知道，荷马的学生中有一个叫克里昂夫洛斯，他被看作是荷马教育的一个标本，可能比自己的名字还要具有讽刺意味呢，如果关于荷马的传说可靠的话。据说荷马生前，他就轻视荷马。

苏格拉底： 我听过这个传说。但如果荷马真能教育人，提高人的品德，他的知识不是模仿别人的，我想他应该拥有更多的学生，也应该更受人敬爱，你说是吗？阿布德拉的普罗塔戈拉、开奥斯的普洛蒂卡斯和许多其他智者都能通过私人教学，使自己得到人们的尊敬。人们通过接受他们的知识，才能治理好自己的国家。荷马如果也这样做，让与他同时代的人接收到知识和美德，人们还能让他过着颠沛流离、以卖唱为生的生活吗？人们将他看作一件宝物还来不及呢！即使留不住他，也会紧随其后，为的是能从他身上得到教诲。格劳孔，你觉得我的这些说法正确吗？

格劳孔： 我觉得你的话完全正确。

苏格拉底： 那我们到现在是不是可以得出结论了，即从荷马以来，所有的诗人顶多算是美德或其他东西的影像的模仿者，在他们身上根本就看不到真实。这也印证了我们之前所说的，尽管画家对工匠的技艺毫无所知，也能将其刻画出来，他们只要让作品在形状和颜色上被观众认可就好了。

格劳孔： 是的。

苏格拉底： 我还要说，诗人除模仿外一无所知，却能以语词为手段高超地描绘各种技术。当他用韵律、音步和曲调等方式来描述一种技艺时，读者很可能对他描述的技艺一无所知，只能通过他的语言来认识，因此很容易就被他的文字征服。所以，像音乐一样的诗的魅力是巨大的，如果去掉了诗的音乐色彩，它就成了平淡无奇的散文，这时你就能想象语言会变成什么样了。

格劳孔： 是的，我能想象出来。

苏格拉底： 这样的诗就像那些长得不美的人，只是因为年轻而显得好看，但一旦失去青春，容颜就失去了。

格劳孔： 是可以这样打比方。

苏格拉底： 我能不能这样说：模仿者或者说是影像的创造者，全然不知事情的本质，只知道事物的外表？

格劳孔： 可以这样说。

苏格拉底： 那我们不能半途而废，要把这个问题说全了。

格劳孔： 请你继续说下去。

苏格拉底： 画家能画马缰和嚼子吗？

格劳孔： 能。

苏格拉底： 但制造它们的却是皮匠和铜匠，是不是？

格劳孔： 是的。

苏格拉底： 画家不知道马缰和嚼子应该是怎样的，制造它们的皮匠和铜匠也不知道，只有使用这些物品的骑士才知道。你认为是这样吗？

格劳孔： 是的。

苏格拉底： 我们可不可以说这是一个适合一切事物的道理呢？

格劳孔： 你说的这话是什么意思？

苏格拉底： 我的意思是，不论什么事物都包含三种技术，即使用者的技术、制造者的技术和模仿者的技术。

格劳孔： 是这样的。

苏格拉底： 因此，一切物品、生物甚至是人的行为的至善、至美，不都只和人与自然创造一切的目的相关。

格劳孔： 是的。

苏格拉底： 这样规律就出来了，任何事物的使用者才是对该物品最有经验的，使用者把使用某种事物过程中看到的好坏都告诉制造者。如吹长笛的人告诉制造长笛的工匠，各种长笛在演奏中表现出来的性能如何，并吩咐制造者按他的要求去制造长笛。

格劳孔： 说得很对，是要这样做。

苏格拉底： 这样就形成了一种现象：一种人知道并报告长笛的优劣，另一种人则按照他的要求去制作。

格劳孔： 是的。

苏格拉底： 在与对乐器有真知的人的交流中，制造者对乐器有了正确的认识。

格劳孔： 的确是。

苏格拉底： 既然这样，模仿者对自己描画的事物是否具有真实性，能不能从经验与事物的使用中得来呢？或者也通过使用者所传授和要求的，并在听从了使用者关于正确模仿的意见后才进行模仿？

格劳孔： 这不可能。

苏格拉底： 这么说来，模仿者根本就不知道自己模仿的东西是优是劣。

格劳孔： 显然是这样的。

苏格拉底： 诗人作为模仿者，他所创作的东西是不是既是智慧的，又是美不胜收的？

格劳孔： 怎么可能出现这样的情况？

苏格拉底： 诗人虽然不知道自己创作的东西有无价值，但还是一如既往地模仿下去，这是因为他模仿的东西对一无所知的人来说是美的。

格劳孔： 事情当然是这样的。

苏格拉底： 这样一来，我们的意见已经充分一致了。模仿者对于自己模仿的东西一窍不通，他们的模仿顶多算是一种游戏，是不能当真的。那些想当悲剧作家的诗人，不论采用什么样的方式写作，完成的作品都是模仿而来的。

格劳孔： 是的。

苏格拉底： 模仿是不是属于真理两层以外的第三级事物？

格劳孔： 是的。

苏格拉底： 那模仿属于人的哪种能力呢？

格劳孔： 我又开始不明白你的话了。

苏格拉底： 我的意思是，一个同样大小的东西远看和近看显然是不一样大的。

格劳孔： 这是明摆着的事。

苏格拉底： 同样的事物在水里和不在水里看是不同的，而因视觉上的误差，同一事物的表面也是不同的。显然，我们的灵魂中这样的混乱也是有的。画家正是利用了人的这种弱点，才让他的作品受到人们的欢迎。魔术师以及其他诸多艺人也都是这样。

格劳孔： 看起来是这样的。

苏格拉底： 人类这方面的缺失，好像因为数量、数值和重量的出现而被弥补，它们常常以多或少、大或小、轻或重的形式来扰乱我们心灵的主宰。是这样的吗？

格劳孔： 是的。

苏格拉底： 这些计量活动是心灵理性部分的工作。

格劳孔： 是的。

苏格拉底： 但当它们计量出某种事物比其他事物大、或小、或相等时，人们常常在心里或视觉上认为是相反的。

格劳孔： 是这样的。

苏格拉底： 而我们曾在前面说过，对同一事物同时持相反的看法的情况是不能存在的。

格劳孔： 是的，我记得这样说过。

苏格拉底： 难道心里或视觉上那个与计量持相反意见的部分，和那个与计量一致的部分不是同一事物？

格劳孔： 当然是这样的。

苏格拉底： 充分信赖计量的部分应该是心灵中最善的部分。

格劳孔： 一定是的。

苏格拉底： 所以，与之相反的部分就是心灵中邪恶的部分。

格劳孔： 这是必然的。

苏格拉底： 我们说过，绘画和一般的模仿艺术创造的作品都是远离真实的作品，和我们心灵中理性的部分不相符，因此不属于真正的健康的以真理为目的的东西。

格劳孔： 是的。

苏格拉底： 所以，模仿的作品是低贱的父母所生的低贱儿。

格劳孔： 看来是的。

苏格拉底： 这个道理只适用于眼睛看到的事物，还是只适用于耳朵听到的事物，抑或只适用于我们现在所谈论的诗歌？

格劳孔： 我认为也适用于听的方面的事物。

苏格拉底： 我们一定不能只相信画家所表现出来的那种"大概"。下面，我们继续讨论一下内容为模仿的诗歌打动的心灵的那一部分，我们来看看这是心灵低贱的部分还是高贵的部分。

格劳孔： 很有必要这样做。

苏格拉底： 诗的模仿者有的是自愿进行着创作，有的是被迫的。而这些行为的后果，只有在他们交了好运时快乐，交了厄运时痛苦。除此之外，还有其他什么吗？

格劳孔： 别无其他了。

第八章　僭主式个人的产生及其品质

◆ →辩论者：苏格拉底/阿德曼托斯 ◆

苏格拉底： 我们在最后是不是要讨论一下僭主式个人的问题。例如，他们是如何从民主中发展而来的？他们的性格是什么类型的？他们的生活是痛苦的还是快乐的？

阿德曼托斯： 是的，这个问题很值得讨论一下。

苏格拉底： 你知道还有什么另外的问题需要讨论吗？

阿德曼托斯： 不知道，愿闻其详。

苏格拉底： 就是欲望的问题。我认为我们之前讨论的欲望问题还不够充分，这个问题弄不清楚，就很难将僭主式人物讨论清楚。

阿德曼托斯： 你的机会不是来了吗？

苏格拉底： 是的，我认为人的各种欲望和追求的快乐有些是很低级的，是非法的。即使如此，它们也存在于所有人的身上。只不过，在有的人身上它们被法律和理性较好地控制着，在有的人身上只有很少的一部分，在另外一些人身上则有很多，且它们比较活跃。

灵的那一部分，我们来看看这是心灵低贱的部分还是高贵的部分。

格劳孔： 很有必要这样做。

苏格拉底： 诗的模仿者有的是自愿进行着创作，有的是被迫的。而这些行为的后果，只有在他们交了好运时快乐，交了厄运时痛苦。除此之外，还有其他什么吗？

格劳孔： 别无其他了。

第八章　僭主式个人的产生及其品质

◆ →辩论者：苏格拉底/阿德曼托斯 ◆

苏格拉底： 我们在最后是不是要讨论一下僭主式个人的问题。例如，他们是如何从民主中发展而来的？他们的性格是什么类型的？他们的生活是痛苦的还是快乐的？

阿德曼托斯： 是的，这个问题很值得讨论一下。

苏格拉底： 你知道还有什么另外的问题需要讨论吗？

阿德曼托斯： 不知道，愿闻其详。

苏格拉底： 就是欲望的问题。我认为我们之前讨论的欲望问题还不够充分，这个问题弄不清楚，就很难将僭主式人物讨论清楚。

阿德曼托斯： 你的机会不是来了吗？

苏格拉底： 是的，我认为人的各种欲望和追求的快乐有些是很低级的，是非法的。即使如此，它们也存在于所有人的身上。只不过，在有的人身上它们被法律和理性较好地控制着，在有的人身上只有很少的一部分，在另外一些人身上则有很多，且它们比较活跃。

阿德曼托斯： 你说的是哪些非法的欲望？

苏格拉底： 我说的是那些在人们睡眠时，脑海中活跃起来的非理性、非人性、非道德以及没有经过教化的欲望。它们就像是人体中的一种怪兽，在人睡觉时，力图克服睡意冲出来，以满足自身的本性要求。在这样的情况下，人的羞耻和非理性暴露无遗，什么坏事都可能想出来，如在梦中乱伦，与神和野兽交合，吃禁食的东西。总之，没有什么坏事不敢去做。

阿德曼托斯： 你说得完全对。

苏格拉底： 但如果一个人处在理智的状态下，在入睡之前就将理性唤醒，调整好自己的本性，让非法的欲望在睡觉时狰狞出现，使它们不阻碍梦中对未知事物的探求，或是自己对本身的反省，那情形就不会像上面说的那样了。这样的人，在清醒的时候会适当地放纵自己的欲望和激情，以便在自己处于梦乡时让大脑安静下来。此外，他们不会把与人发生争吵后的余怒带进睡眠之中。如果能让这两种东西排斥在睡眠之外，那么其睡眠中的理性就比较活跃。这样，他们最可能掌握真理，其梦境也不能出现非法的欲望了。

阿德曼托斯： 我觉得情况是这样的。

苏格拉底： 我们的讨论是不是离题了？我想要表达的意思只是：实际上，可怕而强烈的非法欲望在每个人的心里都是存在的，那些道貌岸然的人也不例外。非法的欲望往往是在睡梦中表现出来的。你认为我说得对吗？

阿德曼托斯： 你说得对。

苏格拉底： 我们再回想一下民主人物的性格。他们通常从小就接受节约省俭的父亲的教育，这样的父亲多是只知道挣钱而不问政治的商人，他们要求自己的后代要与他们一样节俭，尤其不能有那些不必要的欲望。

阿德曼托斯： 是这样的。

苏格拉底： 但是，他们的后代总要与人交往，在与老于世故的人交往之后，就会产生那些不法的欲望，走向与父辈所期望的相反的道路，开始奢侈的生活。但这种奢侈也不是没有度。他们在两种相反作用的力量下，走向了中间的道路，自认为吸取了两者之长，不奢侈也不吝啬，过着有节制的放纵的生活，于是他们就由寡头派变成了民主派。

阿德曼托斯： 对，我也是这样看待这种人的。

苏格拉底： 如按这样的理论推论下去，这种人的儿子也定会发生这样的事情，他会被那些社会人渣教唆，被告知做非法的事才是真正的自由。他的亲人劝导他要节制非法的欲望，但反面力量的诱惑力太大，他出现了失衡，向着父辈们期望的反方向发展。当僭主拥立者认识到这样下去不能控制这个青年时，就设法在他的灵魂中扶起一个起主宰作用的激情，作为非法欲望的保护者。除了万恶的有刺的雄蜂，你还能想出什么别的东西来比喻这种激情吗？

阿德曼托斯： 没有什么更好的比喻了。

苏格拉底： 这种人沉迷于寻欢作乱时，他们的理性便被无度的非法欲望淹没，就像是邪恶的巫师给他体内的欲望加了咒语一样，非法欲望无限地膨胀，不会因为自己没有一丝的善心而感到羞耻，即使有也会被驱逐出体外，直到把自己打造成一个彻头彻尾的坏蛋。

阿德曼托斯： 对，这是僭主式人物产生的完整过程。

苏格拉底： 你是怎样看待自古以来爱情就被称为专制暴君的？

阿德曼托斯： 有些人就是越爱对方，对对方越专制。

苏格拉底： 一个神经错乱的疯子是不是也有当独裁者统治世界甚至是诸神的愿望？

阿德曼托斯： 毫无疑问是这样的。

苏格拉底： 现在，我们是不是可以这样说：不论是先天的还是后天的，只要这个人成了醉汉、色鬼或疯子，他就成了一个十足的僭主了？

阿德曼托斯： 可以这样说。

苏格拉底： 这就是僭主产生的起源和他们的性格。那他们的生活方式是怎样的呢？

阿德曼托斯： 我正要问你呢，你反倒问起我来了。还是你来做出回答吧。

苏格拉底： 好，我来说。我认为当一个人成为僭主之后，他的心灵已经被非法的激情和欲望所主宰，生活铺张浪费，放荡不羁，纵情声色。

阿德曼托斯： 这是必然的。

苏格拉底： 因为没有人能制约他，还会有许多可怕的欲望从身体里迸发出来，他需要更多的东西来满足它们。

阿德曼托斯： 的确是的。

苏格拉底： 所以，不管他的收入有多少，也会很快花光，甚至会债台高筑。

阿德曼托斯： 是的。

苏格拉底： 当他发现自己一无所有时，他心中欲望的雏鸟定会不断发出强烈的叫声，然后就开始四处找寻猎物。只要有欲望，他就会不择手段，直到满足自己的欲望。

阿德曼托斯： 没错，是这样。

苏格拉底： 所以，若想要的东西得不到，他就会痛苦无比。

阿德曼托斯： 定是这样的。

苏格拉底： 同样，他年轻的时候，他声称有权超过他的父母，但当手中的财产挥霍完了之后，他会夺取父母的那一份继续挥霍。

阿德曼托斯： 自然是这样。

苏格拉底： 如果不同意他，他首先会欺骗他们，以获得财产。

阿德曼托斯： 我想他会的。

苏格拉底： 如果骗取没有成功，他就会强行夺取。

阿德曼托斯： 是的，很可能会这样做。

苏格拉底： 你认为他会因为父母的反抗而放弃使用暴力吗？

阿德曼托斯： 可能性很小，真是要为他的父母捏一把汗了。

苏格拉底： 那你是不是也认为这样的人为讨得一个漂亮的女友，并取得她的欢心，而不惜将自己的母亲赶出房子，让女友住进去，还让母亲给女友低三下四地服务？如果你的回答是肯定的，那他也定会对父亲及其他亲人做出这样的事情。

阿德曼托斯： 是的，他一定做得出来。

苏格拉底： 看来做僭主暴君的父母是再"幸运"不过的了！

阿德曼托斯： "幸运"？赶紧给大家解释一下吧。

苏格拉底： 如果他把父母的财产也挥霍完了，而他心中的非法欲望却没有消失，甚至是有增无减，这时他会怎样做呢？他一定会逾墙行窃、夜间抢劫，甚至进神庙洗劫。在这样的行为中，他小时候形成的判断是非的信念，及对正义的见解都被非法的欲望控制，并将它们驱赶出灵魂。这本是只在睡梦中出现的行为，当时他还处于父亲和法律的控制之下，心里还是拥护民主制度，但现在醒着的时候做的事情竟和睡梦中一样了。他变得目无王法，杀人越货，亵渎神圣，无恶不作，这时主宰他心灵的那些激情就像一个僭主暴君，将他牢牢掌控住，引导他去做一些非法的事情，维护自身的利益，满足自己的要求。这些欲望一部分来自外部，受了不良伙伴的影响；一部分则来自内部，是其自身的恶习释放。

阿德曼托斯： 的确是这样。

苏格拉底： 如果一个国家中这样的人只是少数，大多数人都是理智善良的人，那么这种人很有可能会离开这个国家，去独裁者的国家，为独裁者服务。独裁者很可能雇用他们去打仗，但如果不让他们打仗，他们很可能会到处作恶。

阿德曼托斯： 他们会做什么恶？

苏格拉底： 如偷盗、抢劫、拐骗，等等。如果他们天生一副好嘴，还可能成为告密人、伪证人或受贿者。

阿德曼托斯： 你说的是些小恶，而且做这种事的人很少。

苏格拉底： 确实是这样的，但小恶和大恶是相对而言的。相对于一个僭主暴君给国家造成的危害而言，这些都是小巫见大巫。但这些人及其追随者的人数可观，而且当他们自己也意识到的时候，他们就会利用民众的愚昧，从他们之中选出一个最残暴的人做首领。这时独裁者就诞生了。

阿德曼托斯： 这是顺其自然的事情。

苏格拉底： 如果民众屈服于他们，当然没有问题。如果民众揭竿而起，他们就像我们上面说的对待自己的父母那样，对民众进行残酷的镇压，连自己的祖国也要接受他们的奴役。我想这大概也是他们的欲望的目的。

阿德曼托斯： 是的。

苏格拉底： 这种人在还未掌权的时候，生活的本性就决定了他们一旦当官就是独裁者。他们会与追随者及爪牙一起同流合污，也会逢迎拍马，低三下四地求人帮忙，但目的达到后，态度马上就变了。

阿德曼托斯： 的确如此。

苏格拉底： 因此，他们一生从不真正和任何人交朋友。他们认为，要不做别人的奴才，要不就做别人的主人。僭主的天性使他们永远体会不到自由和真正友谊的味道。

阿德曼托斯： 是的，他们没有朋友。

苏格拉底： 我们称他们是不可靠的人，你觉得合适吗？

阿德曼托斯： 当然合适。

苏格拉底： 如果我们前面讨论的正义的观点是对的，那么这些人就是彻头彻尾的非正义者。

阿德曼托斯： 是的，我同意你的说法。

苏格拉底： 如果用一句话来描述他们，那就是：他们是正义者在梦中担心出现，而醒来后又确实存在的那种非正义者。

阿德曼托斯： 说得太对了！